# 화인 디아스포라의 초국가적 성격

**저자**

**임채완** 전남대학교 세계한상문화연구단 전 단장
전남대학교 정치외교학과 명예교수, 정치사회학 박사

**김혜련** 전남대학교 세계한상문화연구단 전 연구교수
한성대학교 이민 · 다문화트랙 조교수, 국제학 박사

**리단** 부경대학교 국제지역학부 중국학 전공 교수, 정치학 박사

**최승현** 전남대학교 국제학부 한중문화학 전공 교수, 역사학 박사

전남대학교 세계한상문화연구 6차 총서 08

**화인 디아스포라의 초국가적 성격**

2021년 3월 20일 초판 인쇄
2021년 3월 25일 초판 발행

지은이 | 임채완 · 김혜련 · 리단 · 최승현
펴낸이 | 이찬규
펴낸곳 | 북코리아
등록번호 | 제03-01240호
주소 | 13209 경기도 성남시 중원구 사기막골로 45번길 14 우림 2차 A동 1007호
전화 | 02-704-7840
팩스 | 02-704-7848
이메일 | ibookorea@naver.com
홈페이지 | www.북코리아.kr
ISBN | 978-89-6324-798-4 (93300)

값 17,000원


• 이 총서는 2010년 정부재원(교육과학기술부 인문사회연구역량강화사업비)으로 한국연구재단의 지원을 받아 연구되었음(NRF-2010-413-2013S1A5B8A01055017).
This work was supported by the National Research Foundation of Korea Grant funded by the Korean Government(NRF-2010-413-2013S1A5B8A01055017).

전남대학교 세계한상문화연구 6차 총서 08

# 화인 디아스포라의 초국가적 성격

## Chinese Diaspora: Transnational Characteristics

임채완 · 김혜련 · 리단 · 최승현

## | 총서를 펴내며 |

전남대학교 세계한상문화연구단은 2010년 한국연구재단 대학중점연구소지원사업에 선정되어 "민족분산과 지구적 소통으로서 디아스포라 연구"라는 주제로 9년에 걸쳐 연구를 수행하고 있다. 이 총서는 제2단계 연구주제인 "동북아시아 디아스포라의 초국가적 성격"이라는 3년간의 연구과제 중 3차년도 연구주제인 "동북아 민족분산의 초국가적 성격"에 해당되는 내용으로 1년간 수행한 연구결과물을 엮어 책으로 출간한 것이다.

본 연구단이 수행하고 있는 중점연구 제2단계의 연구목표는 한국, 중국, 일본 등 동북아 이산민족들의 현지적응과 정착기제를 초국가적인 관점에서 비교하여 이들 국가에서 발생한 이산민족의 보편성과 특수성을 규명하는데 있다. 이론적으로는 베르브너(Werbner)가 정의한 '디아스포라의 위치(Place of Diaspora)' 개념과 초국가주의(Transnationalism)의 개념을 원용하여 탈영토적 '경계(Border)'에 걸쳐 사는 이주민들의 초국가적인 삶을 재해석하는 데 있다. 또한 글로벌 동북아 디아스포라가 거주국에 정착하는 과정에서 마주하게 되는 '물리적 경계(Boundary)'가 어떤 방식으로 그들을 타자화 시키고 심리적 경계로 고착화시켜 왔는지, 그리고 모국에 대한 디아스포라들의 상상력은 어떻게 형상화되었고 다중정체성(Multiple-Identity)을 발현시켰는지에 대해 밝히는 데 있다.

구체적으로 제2단계 3년동안 수행될 연구내용을 살펴보면, 제1년차에는 동북아 이산민족(해외 한인, 화인, 일계인)의 현지적응과 정착기제를 연구하였다. 모국을 떠난 동북아 디아스포라들이 이주지에서 현지사회로부터 경험한 배제와 타자화의 기제에 대하여 구체적인 사례와 자료수집을 통해 규명하였다. 또한 동북아 디아스포라 이주자들이 어떻게 현지에 적응했는지에 대한 현지적응 기제(Mechanism)를 밝히고 있다. 제2년차에는 해외 한인, 화인, 일계인의 다중정체성과 모국과의 연계성을 비교 연구하는 작업을 수행하였다. 본 연구과제를 수행하기 위해 모국에 대한 동북아 디아스포라의 송금, 모국에 거주하는 가족 내지 친척과의 교류와 방문정도, 모국에 대한 기대와 희망 등을 심층 조사하였다. 그리고 도상학(Iconography)적 관점에서 동북아 디아스포라가 갖는 '모국신화'와 '상징'기제를 조사하여 모국에 대한 기억장치가 어떻게 각인되었고, 실제로 어떻게 작용하였는지에 대하여 분석하였다. 연구과정에서 발굴한 자료들을 가공하여 문화콘텐츠로 개발하였다. 제3년차는 동북아 디아스포라의 사례를 통해 동북아 이산민족의 초국가적 성격의 비교 연구를 수행하였다. 먼저 연구 수행을 위해 동북아 민족분산을 유형별(Typology)로 분류하고 이주의 보편성과 특수성을 개념화하는 이론작업을 시도하였다. 또한 동북아 각국에서 국제이주를 유발하는 배출요인(PUSH Factor)과 이주를 수용하는 흡인요인(PULL Factor)이 무엇인지를 비교 연구하였다. 이러한 연구를 통해 궁극적으로 동북아 디아스포라의 초국가적 성격을 도출하고자 한다. 2단계 3년간의 연구성과는 아카이브 작업을 통해 '디아스포라 문화자원 DB'로 구축하여 후속연구에 유용한 자료를 제공할 것으로 기대한다.

해외 한인팀은 제2단계 3차년도 연구과제인 "해외 한인의 민족분산과 초국가적 성격"을 규명하고자 중점을 두었다. 이러한 목적을 달성하기 위해 연구팀은 문헌연구와 현지조사, 면접조사 등을 통해 자료를 수집하여 활용하였다. 연구팀은 조선족의 신 이주와 초국가적 삶을 살펴보기 위해 중국의 수도인 베이징에 이주, 정착한 조선족의 사례와 일본의 수도인 도쿄 지역에 이주, 정착한 조선족 사례와 함께 중앙아시아 지역에서 한국에 이주, 정착한 고려인의 사례를 살펴보았다. 구체적으로, 이번 총서에서는 초국적 생활공간으로써 특징을 갖는 중국 베이징 왕징과 일본 도쿄에서 살아가고 있는 조선족들의 이주 동기와 정착지에서 적응하기 위해 형성한 커뮤니티 현황 및 기능, 그리고 초국적 삶이 어떠한지 고찰하였다. 이를 위해  연구자는 2016년 2월 26일부터 3월 4일까지 베이징 왕징과 옌자오를 방문하여 수집한 자료들을 활용하였다. 또한 광주광역시 광산구 월곡동 일대에 거주하고 있는 고려인들이 지역사회에 정착, 적응하는 과정에서 형성한 고려인마을의 공간적 특성이 어떠한지 현지조사를 통해 자료를 수집, 활용하였다.

해외 화인팀은 제2단계 제3차년도 연구주제인 "해외 화인의 민족분산과 초국가적 성격"을 규명하고자 했다. 막강한 경제파워와 초국적 네트워크를 구축한 화인 디아스포라는 현지 거주국에서 안정적으로 정착하고 있을 뿐만 아니라, 모국어와 전통문화를 계승하고 민족정체성을 유지하면서 모국과의 연계를 이어가고 있다. 화인 디아스포라는 모국과 거주국을 넘나드는 '경계인'으로서 초국가적 성격을 나타내고 있다. 이번 총서에서는 동남아시아 중에서도 현지사회에 안정적으로 정착한 말레이시아 화인 디아스포라를 연구대상으로 선정하여 연구를 수행했다. 연구팀은 심도 있는 연구를 진행하기 위해 말레이시아 쿠알라룸푸르, 말라카, 페낭을 직접 방문하여 자료를 수집하였으며, 문헌연구 · 설문조사 · 심층면접을 병행하여 화인 디아스포라의 이주역사, 화인 밀집거주지역 차이나타운의 현황, 민족교육 실태, 말레이인과의 종족관계, 모국과의 연계 등을 세부적으로 검토하였다.

해외 일계인팀은 제2단계 제3차년도 연구주제인 "해외 일계인의 민족분산과 초국가적 성격"을 규명하고자 하였다. 이러한 목적을 달성하기 위한 연구방법으로 일본과 브라질 지역은 현지조사와 참여관찰에 의한 심층면접 및 설문조사, 미국 지역은 문헌연구를 중심으로 진행하였다. 인터뷰대상자는 이들 해외일계인의 경험을 비교적 온전히 증언할 수 있는 면담자를 선정하여 해외일계인 이주의 유형화, 유출입 요인, 초국가적 성격에 관한 구술사료를 수집하고 이를 채록하여 연구자료로 활용했다. 해외일계인 2단계 3차년도의 연구목적을 달성하기 위해, 현지조사의 주요 대상지역은 도쿄 요코하마에 있는 JICA(해외이주자료관), 요코하마시 쓰루미구(横浜市鶴見区), 시즈오카 현 하마마쓰 시(静岡県浜松市), 나고야 오수(名古屋大須) 및 9번 단지 등 일계인 집거지를 현지 방문하여 참여관찰을 수행하였다. 또한 브라질 상파울루 리베르다지 일계인타운과 봉헤찌로 코리아타운을 방문하여 문헌자료와 인터뷰자료를 수집하였다. 이와 같이 이번 총서는 3개 연구팀에서 실시한 현지조사와 설문조사, 면접조사 등의 자료를 활용하여 발간하기에 이르렀다.

마지막으로 이 책이 세상에 나오기까지 물심양면으로 도와주신 분들께 감사드린다. 이 책의 연구성과는 중점연구사업의 일환으로 동북아디아스포라 연구를 수행할 수 있도록 지원해주신 한국연구재단, 그리고 연구단이 주최한 각종 국내 및 국제학술대회에 참석하여 연구성과에 대한 발표자 및 토론자로 유익한 조언을 해주신 국내외 디아스포라 전문가 및 학자, 연구단 홍보에 아낌없이 지원해주신 언론 관계자들 덕분이다. 이들 모두에게 진심으로 감사드린다. 또한 이른 아침부터 늦은 밤까지 불철주야로 연구에 전념해준 학술연구교수를 비롯하여 공동연구원, 연구보조원들에게도 감사를 드린다.

2021년 3월
용봉골에서
저자 일동

## ❙서 문❙

글로벌 시대가 도래되고 초국적 인구이동이 활발해짐에 따라 모국을 떠나 거주국에서 새로운 삶의 터전을 개척하는 사람들이 급증하고 있다. 해외로 이주한 이들은 다양한 역사적 경로를 통해 세계 각국에 분산되어 있으면서도 같은 혈통과 문화, 정체성을 공유하면서 '상상의 공동체'를 형성하고 있다. 초국적 활동이 일상화되고 있는 이주의 시대에 디아스포라가 행위자로서 새롭게 주목받고 있다.

전남대학교 세계한상문화연구단은 2010년 한국연구재단 대학중점연구소지원사업에 선정되어 "민족분산과 지구적 소통으로서 디아스포라 연구"라는 주제로 9년에 걸쳐 연구를 수행하고 있다. 제2단계에서는 "동북아 디아스포라의 초국가적 성격"이라는 주제로 연구를 수행했으며, 이 책은 제2단계 제3차년도 연구주제 "해외 화인의 민족분산과 초국가적 성격"을 규명한 연구결과물이다.

모국을 떠나 해외에서 새로운 삶을 영위하면서 여전히 종족의식과 문화정체성을 보유한 디아스포라는 국가의 중요한 전략적 가치로 부상하고 있다. 탈영토적 자본과 파워를 가진 디아스포라 집단이 세계화와 함께 배출한 다양한 기회를 잘 활용할 수 있기 때문이다. 그들은 모국과 거주국을 아우르는 초국적 행위자로서 양국의 정치 · 경제 · 사회 · 문화에 영향력을 행사할 수 있으며, 세계적 차원에서 글로벌 네트워크를 통해 국가와 시장에 영향력을 미친다. 초국가적 성격을 지닌 화인 디아스포라가 바로 이러한 특성을 나타낸다.

막강한 경제파워와 초국적 네트워크를 구축한 화인 디아스포라는 현지 거주국에서 안정적으로 정착하고 있을 뿐만 아니라, 모국어와 전통문화를 계승하고 민족정체성을 유지하면서 모국과의 연계를 이어가고 있다. 화인 디아스포라는 모국과 거주국을 넘나드는 '경계인'으로서 초국가적 성격을 나타내고 있다.

이러한 배경 하에 이 책에서는 동남아시아 중에서도 현지사회에 안정적으로 정착한 말레이시아 화인 디아스포라를 연구대상으로 선정하여 그들의 초국가적 성격을 규명하였다. 또한 심도 있는 연구를 진행하기 위해 말레이시아 쿠알라룸푸르, 말라카, 페낭을 직접 방문하여 자료를 수집하였으며, 문헌연구 · 설문조사 · 심층면접을 병행하여 화인 디아스포라의 이주역사, 화인 밀집거주지역 차이나타운의 현황, 민족교육 실태, 말레이인과의 종족관계, 모국과의 연계 등을 세부적으로 검토하였다.

이 책에서 다루고자 하는 연구내용은 구체적으로 아래와 같이 다섯 가지이다.

첫째, 문헌연구를 중심으로 화인 디아스포라의 동남아시아 진출 배경 및 이주역사를 고찰하고, 화인이 말레이시아로 유입된 원인 및 과정을 세부적으로 검토한다.

둘째, 현지조사에서 수집한 자료를 중심으로 쿠알라룸푸르, 말라카, 페낭에 조성된 화인 디아스포라의 밀집거주지역, 즉 차이나타운의 현황을 구체적으로 분석한다. 특히 차이나타운에 조성된 중국식 건축, 화인의 음식문화, 전통 축제, 화인사원 등을 검토함으로써 화인의 모국 상징기제, 문화적 특성, 모국에 대한 향수 등을 파악한다.

셋째, 심층면접을 중심으로 다종족 · 다종교 · 다문화국가 말레이시아에서 화인 디아스포라의 민족교육 실태를 세부적으로 검토하고, 이러한 민족교육의 영향요인을 심층적으로 파악한다. 또한 위화국민형중학교, 준콩독립중학교, 한장중학교를 비롯한 대표적 화문학교의 운영 실태를 검토함으로써 말레이시아 화문교육의 현주소를 분석한다. 말레이시아는 동남아시아에서 화문교육이 가장 발달한 지역으로, 중국대륙 · 대만 · 홍콩 · 마카오 이외 지역에서 가장 체계적이고 완전한 화문교육 시스템을 구축한 국가이다. 따라서 말레이시아의 화문교육을 세부적으로 검토하는 것은 화인 디아스포라의 민족교육을 심층적으로 탐구하는데 의미가 있을 것이다.

넷째, 설문조사를 중심으로 말레이시아 화인과 말레이인의 종족관계를 체계적으로 분석하고, 이러한 종족관계를 형성하게 된 원인을 파악한다. 세계화시대가 도래됨에 따라 서로 다른 종족이 한 국가 내에 공존하는 것이 일반화되었다. 다종족 · 다문화 국가 말레이시아에서 화인과 말레이인은 상이한 언어, 문화, 종교로 인해 이질감이 증폭되어, 복합적인 종족관계를 형성하고 있다. 말레이시아 화인과 말레이인의 종족관계는 거주국 사회 안정은 물론, 동남아 지역에서의 화인사회 발전, 나아가 동남아 국가와 모국인 중국과의 국제관계에도 영향을 미치는 중요한 사안이다.

다섯째, 설문조사를 중심으로 말레이시아 화인과 모국과의 관계를 체계적으로 분석한다. 구체적으로 화인 디아스포라의 민족정체성과 모국어, 모국문화 보존 실태를 통해 그들의 모국지향성을 파악하고, 나아가 말레이시아 화인의 모국관계 유지 실태를 검토함으로써 말레이시아 화인과 모국의 연관성을 규명한다.

이 책의 내용들은 연구자들이 전문학술지에 게재한 논문을 기반으로 삼아 일부를 보완하여 삽입하였다. 이 책에서 활용하고 있는 연구자들의 기존 논문은 다음과 같다.

김혜련(2014), "인도네시아와 말레이시아 화인 디아스포라의 현지사회 정착과 화인정책 비교", 『평화학연구』 제15권 5호; 김혜련(2015), "말레이시아 화인 디아스포라의 모국관계 연구", 『민족연구』 제61호; 김혜련(2017), "말레이시아 화인과 말레이인의 종족관계 조사 연구", 『중국학』 제58집; 김혜련(2017), "말레이시아 화인 디아스포라의 민족교육 실태 연구", 『인문사회21』 제8권 3호 등이다.

이 총서가 나오기까지 바쁜 일정 속에서도 심층면접과 참여관찰, 설문조사에 흔쾌히 응해주신 말레이시아 쿠알라룸푸르, 말라카, 페낭의 화인 디아스포라에게 깊은 감사를 표한다. 특히 현지조사와 자료수집 과정에서 도움을 주신 말레이시아 주쟈벙(祝家丰), 정페이쥔(郑佩娟) 그리고 익명의 현지 조력자들에게 감사의 뜻을 표한다. 또한 현지조사에서 수집한 많은 자료들을 정리하고 도움을 준 연구보조원에게도 고마움을 전한다. 마지막으로 총서의 출판에 도움을 주신 북코리아 이찬규 사장님과 편집진 여러분께도 감사드린다.

2021년 3월

공동저자 일동

**| 차 례 |**

## 표 차례



## 사진 차례

## 그림 차례

# I

# 머리말

## 1. 연구배경 및 목적

초국적 인구이동이 일반화되고 있는 이주의 시대, 분산된 민족이라는 의미를 포함하고 있는 디아스포라(diaspora)가 국제사회의 행위자로서 새롭게 주목받고 있다.[1] 현재 디아스포라라는 용어는 유대인의 민족이산의 경험뿐만 아니라, 타 민족의 국제이주, 망명, 이주노동자, 난민, 소수민족 공동체, 초국적 민족공동체 등을 아우르는 포괄적 개념으로 사용되고 있다.[2] 세계화의 물결과 함께 국가에 대한 디아스포라의 영향력이 확대되면서 점차 그들의 특성과 새로운 역할에 대한 연구가 활발하게 진행되고 있다.

모국을 떠나 해외에서 새로운 삶을 영위하면서 여전히 종족의식과 문화 정체성을 보유한 디아스포라는 국가의 중요한 전략적 가치로 부상하고 있다. 탈영토적 자본과 파워를 가진 디아스포라 집단이 세계화와 함께 배출한 다양한 기회를 잘 활용할 수 있기 때문이다. 그들은 모국과 거주국을 아우르는 초국적 행위자로서 양국의 정치 · 경제 · 사회 · 문화에 영향력을 행사할 수 있으며, 세계적 차원에서 글로벌 네트워크를 통해 국가와 시장에 영향력을 미친다.[3] 초국가적 성격을 지닌 화인 디아스포라가 바로 이러한 특성을 나타낸다.

막강한 경제파워와 초국적 네트워크를 구축한 화교(华侨) · 화인(华人)[4]

---

1 김혜련(2017), "말레이시아 화인과 말레이인의 종족관계 조사 연구", 『중국학』 제58집, p. 230.

2 전형권(2005), "초국가주의 관점에서 본 화교 디아스포라와 네트워크", 『대한정치학회보』 13집 2호, p. 2.

3 전형권(2005), p. 2.

4 화교(华侨)는 중국을 떠나 해외에 체류하고 있지만 여전히 중국 국적을 소지하고 있는 중국계 이주민을 가리키며, 화인(华人)은 이미 귀화하여 거주국의 국적을 취득한 중국계 이주민을 지칭한다. 이 연구에서는 화인 디아스포라를 화교와 화인을 모두 아우르는 포괄적 개념으로 사용하고 있다. 말레이시아의 중국계 이주민은 대부분 현지 거주국 국적을 취득하여 화교에서 화인으로의 신분 전환을 완성하였다.

은 가장 대표적인 디아스포라 집단 중의 하나이다. 198여 개 국에 흩어져 약 6,000만 명에 이르는 화인 디아스포라는 73%가 동남아시아에 정착하고 있으며,[5] 그 중 말레이시아는 동남아 지역에서 싱가포르를 제외한 화인 비율이 가장 높은 나라이다. 말레이시아 인구조사 보고에 의하면, 2010년 기준 말레이시아에는 약 640만 명의 화인이 거주하고 있는데, 이는 말레이시아 전체 인구의 24.6%를 차지한다.[6]

화인의 말레이시아 이주는 당나라시기부터 그 흔적을 찾아 볼 수 있으나, 본격적인 대규모 이주는 명나라시기부터 시작되었다. 말레이시아 화인은 대부분 중국 푸젠(福建), 광둥(广东), 광시(广西), 하이난(海南) 지역 출신이며, 그들은 모국에 대한 '집합적 기억'을 중심으로 화인사회를 형성하고 있을 뿐만 아니라, 상호보완적 네트워크를 구축하고 있다.

다민족 · 다문화 · 다종교국가 말레이시아에서 화인은 현지적응을 통해 진정한 사회구성원으로 성장하여 주류사회에 진출하였다. 비록 그들은 말레이시아 국민으로서 확고한 국민정체성을 지니고 있지만, 화문학교 · 화인신문사 · 화인단체 등을 중심으로 그들만의 민족공동체를 형성하고 있으며, 더불어 민족정체성 고양과 민족문화 발전을 기반으로 모국과의 연계를 유지하고 있다. 말레이시아 화인에게 있어서 중국이라는 모국은 국민적 이념이라기보다는 자신이나 선조의 기억을 간직한 고향으로서 같은 문화를 공유하고 있는 '상상의 공동체'로 이해하고 있다.[7] 그러면서도 그들은 모국에 대한 친밀감을 잃지 않고, 모국이 보다 발전하고 성장하길 원하는 심리적 양상도 표출하고 있다.

말레이시아 화인은 오래전부터 정치, 경제, 문화, 교육 영역에서 중국

---

5 中國僑網: http://www.chinaqw.com/(검색일: 2021.01.02.)

6 中國僑網: http://www.chinaqw.com/(검색일: 2015.01.02.)

7 임채완(2008), "지구화시대 디아스포라의 초국가적 활동과 모국: 동남아 화인과 중국조선족에 대한 비교연구", 『국제정치논총』 제48권 1호, p. 251.

과 밀접한 모국관계를 이어왔다. 제2차 세계대전 전후, 말레이시아 화인은 모국의 정치적 변화에 적극 참여하여 항일활동을 지원하였으며, 1949년 중화인민공화국 수립 이후에는 모국건설에 경제적 지원과 투자를 아끼지 않았다. 더불어 현지 거주국에서 화문학교를 설립하여 중국어 교육을 강화시킴으로써 모국과의 문화적 연계를 이어왔으며, 1974년 양국 수교 이후에는 경제, 문화적 연계는 물론 인적연계도 활성화시켰다. 다시 말해, 말레이시아 화인은 모국과 거주국 사이에 걸쳐있는 '경계인'으로서 거주국에서 성공적으로 정착했을 뿐만 아니라, 모국과의 연계도 여전히 유지하고 있는 것으로 나타났다. 모국과의 이러한 연계는 초국가적 성격으로 이어진다.

교통과 통신의 발달과 함께 거주국 내에서 주변화 되고 불안정한 신분으로 살아가는 디아스포라들이 정치 · 경제 · 사회 · 문화적인 부문에서 모국과의 연계가 가능해지기 시작했다. 초국적인 글로벌시대, 화인 디아스포라를 더욱 깊이 있게 이해하기 위해서는 그들의 거주국 현지적응이나 주변화는 물론이고, 문화정체성의 성격과 모국에 대한 인식을 포함한 모국과의 연계에도 주목할 필요가 있다. 다시 말해, 화인 디아스포라의 초국가적 성격을 규명하기 위해서는 그들의 현지 거주국에서의 정착실태는 물론, 민족교육 유지 현황, 주류사회 구성원과의 관계, 모국과의 연계 등을 심층적으로 파악해야 한다.

이러한 맥락에서 이 책에서는 동남아시아 중에서도 안정적으로 현지에 적응하고 있는 말레이시아 화인 디아스포라를 연구대상으로 선정하여 그들의 초국가적 성격을 규명하고자 한다. 이러한 연구목적을 실현하기 위해 주로 설문조사 및 심층면접을 통해 자료를 수집하였으며, 구체적으로 화인 디아스포라의 이주역사, 화인집거지 조성, 민족교육 실태, 말레이인과의 종족관계, 모국과의 연계 등을 세부적으로 검토하여 그들의 초국가적 성격을 심층적으로 파악하였다.

## 2. 연구방법

이 연구는 말레이시아 화인 디아스포라의 초국가적 성격을 규명하기 위해 문헌연구, 설문조사, 심층면접을 주요한 연구방법으로 사용하였다. 화인 디아스포라 관련 생생한 현장 자료를 수집하고자 2014년 2월 8일부터 3월 25일까지 쿠알라룸푸르(Kuala Lumpur)를 중심으로 설문조사를 진행하였으며, 2016년 2월 16일부터 2월 26일까지 말레이시아에서 화인이 집단 거주하고 있는 쿠알라룸푸르(Kuala Lumpur, 吉隆坡), 말라카(Malacca, 马六甲), 페낭(Penang, 槟州)을 직접 방문해 현지조사를 진행하여 자료를 수집하였다. 구체적인 연구방법은 아래와 같다.

### 1) 문헌연구

문헌연구방법은 사회 · 문화 현상을 연구한 결과물, 일상에 대한 기록, 통계자료를 비롯한 기존의 문헌에 담긴 자료를 수집하는 방법으로, 탐구하고자 하는 현상에 대한 정보가 있는 문서자료를 수집하고 분석하는 방법을 말한다. 문헌연구는 수집한 문서자료의 내용을 체계적이고 정밀하게 분석하여 관심 영역의 사회현상에 대한 통찰을 얻고, 그에 관한 이론 검토, 가설검증, 결론을 내리고자 하는 연구방법이다.[8]

이 책에서는 말레이시아의 차이나타운, 화인 디아스포라의 민족교육, 화인과 말레이인의 종족관계, 화인과 모국과의 연계를 세부적으로 검토하기 위해 이와 관련된 도서, 논문, 사진 등을 수집 · 발굴하여 화인 디아스포라의 초국가적 성격을 규명하는 데 기초자료로 활용하고자 한다.

---

8 임채완 외(2019), 『화인 디아스포라의 다중정체성과 모국관계』, 북코리아, p. 37.

### 2) 설문조사

이 연구는 말레이시아 화인 디아스포라의 이주 역사, 화인집거지 조성, 원주민과의 종족관계, 민족교육 실태, 모국과의 연계를 세부적으로 검토함으로써 그들의 초국가적 성격을 규명하는 것이 가장 주요한 연구목적이다. 이러한 연구목적을 실현하기 위해 연구팀은 2014년과 2016년 두 차례에 걸쳐 말레이시아에서 설문조사를 진행하였다.

2014년 제1차 설문조사는 주로 거주국에서 성공적으로 정착한 말레이시아 화인 디아스포라가 모국인 중국과 어떤 관계를 유지하고 있는가를 규명하는 것이 연구목적이다. 설문조사 내용은 주로 말레이시아 화인 디아스포라의 민족정체성, 모국어 · 모국문화 보존실태, 모국과의 연계 등으로 구성되었다. 신뢰성 있는 조사 결과를 도출하기 위하여 이 연구는 2014년 2월 8일부터 3월 25일까지 말레이시아 화인 200명을 대상으로 설문지를 배포하여 148부의 설문지를 회수하였다. 회수된 설문지 중 인구사회학적 특성에 무응답 하였거나 설문문항에 불성실하게 기입된 설문지 29부를 제외한 119부만을 실제 분석에 활용하였다. 설문조사 대상자의 인구사회학적 특성은 다음 〈표 1.1〉과 같다.

〈표 1.1〉에서 나타나듯이, 성별의 경우 총 119명의 응답자 중 남성이 54명(45.4%), 여성이 65명(54.6%)으로 나타났다. 직업의 경우 전문직이 13명(10.9%), 자영업이 41명(34.5%), 공무원이 1명(0.8%), 사무직(회사원)이 28명(23.5%), 서비스업이 17명(14.3%), 농업이 5명(4.2%). 생산직이 6명(5.0%), 가정주부가 6명(5.0%), 기타가 2명(1.7%)으로 나타났다. 연령대를 보면, 10대(10~19세)가 11명(9.2%), 20대(20~29세)가 26명(21.8%), 30대(30~39세)가 23명(19.3%), 40대(40~49세)가 25명(21.0%), 50대(50~59세)가 16명(13.4%), 60대(60~69세)가 12명(10.1%), 70대(70~79세)가 6명(5.0%)으로 나타났다. 결혼여부를 보면, 기혼이 48명(40.3%), 미혼이 70명(58.8%), 사별이 1명(0.8%)

**표 1.1** 제1차 설문조사 대상자의 인구사회학적 특성

| 구분 | 내용 | 빈도 | 비율(%) | 구분 | 내용 | 빈도 | 비율(%) |
|---|---|---|---|---|---|---|---|
| 성별 | 남 | 54 | 45.4 | 혼인 상태 | 기혼 | 48 | 40.3 |
| | | | | | 미혼 | 70 | 58.8 |
| | 여 | 65 | 54.6 | | 사별 | 1 | 0.8 |
| 직업 | 전문직 | 13 | 10.9 | 이민 세대 | 2세대 | 72 | 61.5 |
| | 자영업 | 41 | 34.5 | | 3세대 | 29 | 24.8 |
| | 공무원 | 1 | 0.8 | | 4세대 | 14 | 11.8 |
| | 사무직(회사원) | 28 | 23.5 | | 5세대 | 4 | 3.4 |
| | 서비스업 | 17 | 14.3 | 종교 | 이슬람 | 3 | 2.5 |
| | 농업 | 5 | 4.2 | | 기독교 | 48 | 40.7 |
| | 생산직 | 6 | 5.0 | | 불교 | 50 | 42.4 |
| | 가정주부 | 6 | 5.0 | | 도교 | 6 | 5.1 |
| | | | | | 민간신앙 | 5 | 4.2 |
| | 기타 | 2 | 1.7 | | 기타 | 7 | 5.8 |
| 연령 | 10대(10~19세) | 11 | 9.2 | 학력 | 초등학교 졸업 | 2 | 1.7 |
| | 20대(20~29세) | 26 | 21.8 | | 중학교 졸업 | 3 | 2.5 |
| | 30대(30~39세) | 23 | 19.3 | | 고등학교 졸업 | 37 | 31.1 |
| | 40대(40~49세) | 25 | 21.0 | | 전문대 졸업 | 17 | 16.0 |
| | 50대(50~59세) | 16 | 13.4 | | 대학교 졸업 | 47 | 39.5 |
| | 60대(60~69세) | 12 | 10.1 | | 대학원 졸업 | 4 | 3.4 |
| | 70대(70~79세) | 6 | 5.0 | | 무학 | 7 | 5.9 |
| 합계 | 119 (100%) | | | | | | |

으로 나타났다. 이민세대의 경우, 2세대가 72명(61.5%), 3세대가 29명(24.8%), 4세대가 14명(11.8%), 5세대가 4명(3.4%)으로 나타났다. 종교의 경우, 응답자 중 이슬람교 3명(2.5%), 기독교 48명(40.7%), 불교 50명(42.4%), 도교 6명(5.1%), 민간신앙 5명(4.2%), 기타 7명(5.8%)으로 나타났다. 마지막으로, 학력의 경우 응답자 중 초등학교 졸업이 2명(1.7%), 중학교 졸업 3명

(2.5%), 고등학교 졸업 37명(31.1%), 전문대 졸업 17명(16.0%), 대학교 졸업 47명(39.5%), 대학원 졸업 4명(3.4%), 무학이 7명(5.9%)으로 나타났다.

2016년 제2차 설문조사도 여전히 쿠알라룸푸르를 중심으로 설문조사를 진행하였다. 설문조사 내용은 주로 말레이시아 화인의 사회적 관계, 화인과 말레이인의 종족관계, 말레이시아 화인의 초국적 네트워크 등으로 구성되었다. 신뢰성 있는 설문조사 결과를 도출하기 위하여 이 연구는 2016년 2월 16일부터 4월 30일까지 말레이시아 쿠알라룸푸르 거주 화인 250명을 대상으로 설문지를 배포하여 211부를 회수하였다. 회수된 설문지 중 인구사회학적 특성에 무응답하였거나 설문문항에 불성실하게 기입된 설문지 11부를 제외한 200부만을 실제 분석에 활용하였다. 설문조사 대상자의 인구사회학적 특성은 아래 도표와 같다.

〈표 1.2〉에서 나타나듯이, 성별의 경우 총 200명 응답자 중 남성이 88명(44.0%), 여성이 112명(56.0%)으로 나타났다. 직업을 보면, 전문직이 25명(12.5%), 자영업이 24명(12.0%), 공무원이 14명(7.0%), 사무직(회사원)이 18명(9.0%), 서비스직이 11명(5.5%), 생산직이 12명(6.0%), 판매직이 16명(8.0%), 가정주부가 17명(8.5%), 학생이 45명(22.5%), 기타가 18명(9.0%)으로 나타났다. 연령의 경우, 10대(10~19세)가 7명(3.5%), 20대(20~29세)가 56명(28.0%), 30대(30~39세)가 44명(22.0%), 40대(40~49세)가 53명(26.5%), 50대(50~59세)가 30명(15.0%), 60대(60~69세)가 6명(3.0%), 70대(70~79세)가 2명(1.0%), 80대(80~89세)가 2명(1.0%)으로 나타났다. 혼인상태는 기혼이 106명(53.0%), 미혼이 93명(46.5%), 사별이 1명(0.5%)으로 나타났다. 이민세대의 경우, 이민 1세대가 6명(3.0%)으로 나타났고, 이민 1.5세대가 2명(1.0%), 이민 2세대가 111명(55.5%), 이민 3세대가 54명(27.0%), 이민 4세대가 14명(7.0%), 기타가 13명(6.5%)으로 나타났다. 종교를 보면, 이슬람이 1명(0.5%), 불교가 140명(70.0%), 기독교가 42명(21.0%), 천주교가 1명(0.5%), 기타가 14명(7.0%)으로 나타났다. 학력의 경우, 초등학교 졸업이 7명(3.5%), 중학교 졸업이 7명

**표 1.2** 제2차 설문조사 대상자의 인구사회학적 특성

| 구분 | 내용 | 빈도 | 비율(%) | 구분 | 내용 | 빈도 | 비율(%) |
|---|---|---|---|---|---|---|---|
| 성별 | 남 | 88 | 44.0 | 혼인 상태 | 기혼 | 106 | 53.0 |
| | 여 | 112 | 56.0 | | 미혼 | 93 | 46.5 |
| | | | | | 사별 | 1 | 0.5 |
| 직업 | 전문직 | 25 | 12.5 | 이민 세대 | 1세대 | 6 | 3.0 |
| | 자영업 | 24 | 12.0 | | 1.5세대 | 2 | 1.0 |
| | 공무원 | 14 | 7.0 | | 2세대 | 111 | 55.5 |
| | 사무직(회사원) | 18 | 9.0 | | 3세대 | 54 | 27.0 |
| | 서비스직 | 11 | 5.5 | | 4세대 | 14 | 7.0 |
| | 생산직 | 12 | 6.0 | | 기타 | 13 | 6.5 |
| | 판매직 | 16 | 8.0 | 종교 | 이슬람 | 1 | 0.5 |
| | 가정주부 | 17 | 8.5 | | 불교 | 140 | 70.0 |
| | 학생 | 45 | 22.5 | | 기독교 | 42 | 21.0 |
| | 기타 | 18 | 9.0 | | 천주교 | 1 | 0.5 |
| 연령 | 10대(10~19세) | 7 | 3.5 | | 기타 | 14 | 7.0 |
| | 20대(20~29세) | 56 | 28.0 | 학력 | 초등학교 졸업 | 7 | 3.5 |
| | 30대(30~39세) | 44 | 22.0 | | 중학교 졸업 | 7 | 3.5 |
| | 40대(40~49세) | 53 | 26.5 | | 고등학교 졸업 | 17 | 8.5 |
| | 50대(50~59세) | 30 | 15.0 | | 전문대 졸업 | 43 | 21.5 |
| | 60대(60~69세) | 6 | 3.0 | | 대학교 졸업 | 84 | 42.0 |
| | 70대(70~79세) | 2 | 1.0 | | 대학원 졸업 | 38 | 19.0 |
| | 80대(80~89세) | 2 | 1.0 | | 기타 | 4 | 2.0 |
| 합계 | 200(100%) | | | | | | |

(3.5%), 고등학교 졸업이 17명(8.5%), 전문대 졸업이 43명(21.5%), 대학교 졸업이 84명 (42.0%), 대학원 졸업이 38명(19.0%), 기타가 4명(2.0%)으로 나타났다.

### 3) 심층면접

이 연구는 양적연구로 충분히 파악하기 어려운 말레이시아 화인의 초국가적 성격을 사회적 구조와 각 개인의 삶의 맥락 모두에서 검토하기 위해 심층면접을 주요한 연구방법 중의 하나로 사용하였다.

구체적으로 말레이시아 화인의 민족교육 실태, 말레이인과의 종족관계, 모국과의 연계 등을 파악하기 위해 2016년 2월 16일부터 2월 26일까지 화인이 밀집거주하고 있는 말레이시아 쿠알라룸푸르, 말라카, 페낭을 중심으로 현지조사를 진행하였다. 현지조사 과정에서는 화인의 민족집거지 쿠알라룸푸르 잘란 프탈링 거리(茨厂街, 츠창제), 말라카 존커거리(鸡场街, 지창제)는 물론, 말레이시아 화인의 민족교육을 담당하고 있는 대표적 화문중학교 위화국민형중학교(育华国民型中学), 한장중학교(韩江中学), 준쿵독립중학교(尊孔独立中学), 화문대학교 신기원대학학원(新纪元大学学院), 한장미디아대학학원(韩江传媒大学学院) 등을 직접 방문하여 자료를 수집하였다. 또한 쿠알라룸푸르 중화대회당, 페낭화인중화대회당, 푸젠회관(福建会馆), 하이난회관(海南会馆), 차오저우회관(潮州会馆) 등 화인단체를 방문해 심층면접과 자료 수집을 하였으며, 말레이시아 화인의 초국가성과 네트워크를 파악하기 위해 화인신문사를 방문하였다. 화인신문사는 말레이시아에서 규모가 가장 크고 영향력이 있는 "싱저우일보(星洲日报)"를 방문하여 담당자를 인터뷰하였다.

심층면접 대상자는 모두 말레이시아에 거주하고 있는 화인으로 화인연구 전문가, 화문중학교 · 화문대학교에서 민족교육을 담당하고 있는 교직원, 화문학교에서 민족교육을 받아 온 젊은 세대 화인, 화인단체 회장 및 사무국장, 차이나타운 화인 상가 사장 등이 포함된다. 인터뷰 대상자에게는 연구 목적을 충분히 설명하고 반구조화 된 질문지를 기초로 편안한 장소에서 자유롭게 대화를 나누었으며, 인터뷰 내용뿐만 아니라 대상자의

**표 1.3** 인터뷰 대상자의 인구 · 사회학적 특성

| 순번 | 이름 | 연령 | 성별 | 거주지 | 이민세대 | 소속 |
|---|---|---|---|---|---|---|
| 참여자 1 | 주○○(祝○○) | 50대 | 남 | 쿠알라룸푸르 | 이민 2세대 | 말레야대학교 중국학과 교수 |
| 참여자 2 | 장○○(张○○) | 50대 | 남 | 쿠알라룸푸르 | 이민 2세대 | 위화국민형중학교 |
| 참여자 3 | 린○○(林○○) | 60대 | 남 | 쿠알라룸푸르 | 이민 2세대 | 위화국민형중학교 |
| 참여자 4 | 중○○(钟○○) | 40대 | 남 | 쿠알라룸푸르 | 이민 3세대 | 말레이시아화문학교 이사연합회총회 |
| 참여자 5 | 판○○(潘○○) | 50대 | 남 | 쿠알라룸푸르 | 이민 2세대 | 준쿵독립중학교 교장 |
| 참여자 6 | 잔○○(詹○○) | 40대 | 남 | 쿠알라룸푸르 | 이민 2세대 | 화사(华社)연구센터 |
| 참여자 7 | 허○○(何○○) | 30대 | 남 | 쿠알라룸푸르 | 이민 2세대 | 화사(华社)연구센터 |
| 참여자 8 | 천○○(陈○○) | 60대 | 남 | 쿠알라룸푸르 | 이민 2세대 | 중화대회당 |
| 참여자 9 | 류○○(刘○○) | 50대 | 남 | 쿠알라룸푸르 | 이민 2세대 | 싱저우일보 |
| 참여자 10 | 츄○○(邱○○) | 60대 | 남 | 쿠알라룸푸르 | 이민 2세대 | 싱저우일보 |
| 참여자 11 | 쟝○○(江○○) | 40대 | 여 | 페낭 | 이민 2세대 | 한쟝중학교 교장 |
| 참여자 12 | 예○○(叶○○) | 30대 | 여 | 페낭 | 이민 3세대 | 화문대학교 한쟝미디어대학학원 교수 |
| 참여자 13 | 황○○(黄○○) | 40대 | 여 | 페낭 | 이민 2세대 | 화문대학교 한쟝미디어대학학원<br>중국어학과 교수 |
| 참여자 14 | 홍○○(泓○○) | 70대 | 남 | 페낭 | 이민 2세대 | 페낭화인대회당 |
| 참여자 15 | 쟝○○(姜○○) | 20대 | 여 | 말라카 | 이민 3세대 | 말레야대학교 대학원 |
| 참여자 16 | 정○○(郑○○) | 20대 | 여 | 말라카 | 이민 3세대 | 말레야대학교 대학원 |
| 참여자17 | 장○(张○) | 40 | 여 | 말라카 | 이민 2세대 | 말라카 화인 상가 |
| 참여자 18 | 윈○○(云○○) | 60 | 여 | 말라카 | 이민 2세대 | 말라카 선무위(沈慕羽)기념관 |

반응과 표정 등을 메모하여 자료로 활용하였다.

## 3. 연구대상

이 책은 말레이시아 화인을 중심으로 화인 디아스포라의 초국가적 성격을 규명하였다. 전 세계 6천여만 명의 화인 중 약 73%는 동남아 지역에 정착하고 있다. 그중에서도 말레이시아 화인은 현지화에 성공한 가장 대표적인 사례로서, 그들만의 공동체를 형성하여 민족문화를 발전시키고 있다. 말레이시아 화인은 거주국에서 정치 · 경제 · 사회 · 문화 등 다양한 영역에서 그들만의 영향력을 발휘하고 있는 대표적 이주민 집단이다.

말레이시아 화인은 현지에서 그들만의 민족교육의 장, 화문학교를 설립해 민족언어를 유지하고 전통문화를 계승하고 있을 뿐만 아니라, 화인단체를 비롯한 민족공동체를 구축해 상호보완적인 네트워크를 구축하고 있다. 이 연구는 말레이시아 화인을 주요한 연구대상으로 선정하여 그들의 이주 역사, 화인집거지 조성, 민족교육 실태, 말레이인과의 종족관계, 모국과의 연계를 세부적으로 검토함으로써 말레이시아 화인의 초국가적 성격을 규명하고자 한다.

## 4. 연구의 구성

이 책은 문헌연구, 설문조사, 심층면접을 통해 말레이시아 화인의 민족집거지, 민족교육 실태, 말레이인과의 종족관계, 모국과의 연계를 세부적으로 검토함으로써 그들의 초국가적 성격을 규명하는 것이 연구목적이다. 이러한 연구목적을 실현하기 위해 총 여덟 개의 장으로 나누어 연구주제를 다루었다.

제1장은 이 책의 연구배경과 목적, 연구방법을 세부적으로 기술하였으며, 말레이시아 화인을 연구대상으로 선정한 이유 및 연구의 구성을 상세하게 기술하였다.

제2장은 말레이시아 화인 디아스포라의 초국가적 성격을 연구하기에 앞서 기존의 선행연구를 검토하였으며, 아울러 "초국가주의와 디아스포라"라는 주제로 디아스포라의 초국가적 성격 관련 이론적 내용을 간략하게 파악하였다.

제3장은 문헌연구를 중심으로 화인의 말레이시아 이주역사를 세부적으로 검토하였다. 구체적으로 화인의 동남아 진출과 말레이시아 이주 및 정착 두 부분으로 나누어 화인들이 동남아시아, 그중에서도 말레이시아로 유입된 원인과 역사적 배경을 기술하였다.

제4장은 현지조사를 통해 말레이시아의 화인집거지 차이나타운을 심층적으로 검토하였다. 흔히 "중화가(中华街)", "당인가(唐人街)"라고 불리는 차이나타운은 중국 영토 이외의 지역에 정착하고 있는 중국계 이주민이 현지 거주국에서 형성한 밀집거주지이다. 말레이시아에는 쿠알라룸푸르, 말라카, 페낭에 대표적인 차이나타운이 조성되어 있는데, 제4장에서는 현지조사를 통해 수집하고 촬영한 문헌자료, 사진자료, 심층면접 자료를 중심으로 차이나타운의 실태를 상세하게 기술하였다.

제5장은 말레이시아의 화문교육 실태를 세부적으로 검토하고, 화인의 민족교육에 영향을 미치는 요인을 심층적으로 분석하였다. 말레이시아는 동남아에서 화문교육이 가장 발달한 지역으로, 중국대륙 · 대만 · 홍콩 · 마카오 이외 지역에서 가장 체계적이고 완전한 화문교육 시스템을 구축한 국가이다. 따라서 제5장에서는 현지조사를 통해 수집한 자료를 중심으로 말레이시아의 화문초등학교, 화문중학교, 화문대학교를 세부적으로 검토함으로써 말레이시아 화문교육의 실태를 파악하였다. 또한 말레이시아 정

부의 화인 교육정책, 화인사회의 지원, 국제환경의 변화 등 세 개 차원에서 말레이시아 화문교육의 영향요인을 분석하였다. 아울러 현지조사 과정에서 직접 방문한 위화국민형중학교(育华国民型中学), 준쿵독립중학교(尊孔独立中学), 한장중학교(韩江中学), 한장미디어대학학원(韩江传媒大学学院), 신기원대학학원(新纪元大学学院)를 비롯한 대표적 화문학교를 상세하게 소개하였다.

제6장은 화인과 말레이인의 종족관계를 심층적으로 분석하였다. 다종족 · 다문화 국가 말레이시아에서 화인과 말레이인은 상이한 언어, 문화, 종교로 인해 이질감이 증폭되어, 복합적인 종족관계를 형성하고 있다. 말레이시아 화인과 말레이인의 종족관계는 거주국 사회 안정은 물론, 동남아 지역에서의 화인사회 발전, 나아가 동남아 국가와 모국인 중국과의 국제관계에도 영향을 미치는 중요한 사안이다. 따라서 제6장에서는 이주민과 원주민의 종족갈등에 초점을 맞추어, 현지조사와 설문조사를 중심으로 말레이시아 화인과 말레이인의 종족관계를 체계적으로 분석하였다. 구체적으로 언어 · 문화 교류, 사회갈등, 정치 · 경제협력 등을 통해 화인과 말레이인의 종족관계 현황을 분석하고, 나아가 이러한 종족관계를 형성하게 된 원인을 심층적으로 파악하였다.

제7장은 말레이시아 화인과 모국과의 연계를 조사 분석하였다. 다민족 · 다문화국가 말레이시아에서 화인은 현지적응을 통해 진정한 사회구성원으로 성장하여 주류사회에 진출하였다. 비록 그들은 말레이시아 국민으로서 확고한 국민정체성을 지니고 있지만, 화문학교 · 화인신문사 등을 중심으로 그들만의 민족공동체를 형성하고 있으며, 더불어 민족정체성 고양과 민족문화 발전을 기반으로 모국과의 연계를 유지하고 있다. 따라서 제7장에서는 디아스포라와 모국의 연관성이라는 문제의식을 가지고, 설문조사를 중심으로 말레이시아 화인과 모국과의 관계를 체계적으로 분석하였다.

제8장은 말레이시아 화인 디아스포라의 초국가적 성격 관련 연구결과를 요약하고, 이 책의 한계와 향후 연구과제에 대해 간략히 기술하였다.

# II

# 이론적 배경

## 1. 선행연구 검토[1]

전 세계 6천여만 명의 화인 중 약 73%는 동남아 지역에 정착하고 있다. 그중에서도 말레이시아 화인은 현지화에 성공한 가장 대표적인 사례로서, 그들만의 공동체를 형성하여 민족문화를 발전시키고 있다. 말레이시아 화인은 거주국에서 정치 · 경제 · 사회 · 문화 등 다양한 영역에서 그들만의 영향력을 발휘하고 있는 대표적 이주민 집단이다. 국제이주가 일반화되고 디아스포라가 국제사회의 새로운 행위자로 등장하자 말레이시아 화인에 대한 연구도 점차 활발해지고 있다.

그러나 말레이시아 화인에 대한 한국 국내 연구는 여전히 개략적이고 초보적인 수준에 머물러있다. 한국학계는 1990년대부터 화인 디아스포라에 관심을 보여 왔으나, 말레이시아 화인 관련 연구는 미흡한 상황이다. 말레이시아 화인에 대한 한국학계의 접근은 화상자본, 화인네트워크, 종족갈등에 그치고 있다. 이러한 연구는 화인의 말레이시아 유입 역사, 현지사회 적응 과정, 화상자본 축적에 초점을 두어 말레이시아 화인사회의 특성을 검토하였으며, 더불어 말레이시아 종족갈등에 주목하여 화인과 현지원주민과의 민족갈등을 분석하였다. 따라서 현재 한국학계에서 진행되고 있는 말레이시아 화인 연구는 초보적이고 개략적인 것으로 나타났다. 한국 국내의 말레이시아 화인 연구는 아래와 같이 나누어 살펴볼 수 있다.

첫째는 말레이시아 화인사회의 현황 및 특성에 대한 연구이다. 이러한 연구는 대부분 화인 이주 역사, 화인사회 형성, 화상자본의 축적, 말레이시아 화인조직 구성 등에 초점을 맞추어 말레이시아 화인을 소개하는데 그치고 있다. 구체적으로 화인의 말레이시아 유입 배경과 역사, 화상자본

---

1 김혜련(2017), "말레이시아 화인 디아스포라의 민족교육 실태 연구", 『인문사회』 218권 3호, pp. 1038-1039.

의 형성 과정, 토착사회에서 화인들이 경제활동을 기반으로 정치 세력화 되어가는 과정을 검토하였다(홍재현, 2008a; 조원일, 2015).

둘째는 말레이시아 화인과 원주민의 종족관계에 대한 연구이다. 이러한 연구는 화인과 원주민의 종족갈등에 주목하여 1969년 종족폭동의 배경과 발생 과정, 종족갈등 이후 정부의 대책을 세부적으로 분석하였다(홍재현, 2008b). 또한 말레이시아 화인과 말레이인의 종족관계 실태에 초점을 맞추어 그들의 정치 · 경제 · 사회 · 문화 관계를 실증적으로 분석해 이러한 종족관계가 형성된 원인을 검토한 연구가 있다(김혜련, 2017).

말레이시아 화인에 대한 중국학계의 관심은 매우 뜨겁다. 말레이시아의 화인정책으로부터 화인의 정치참여 활동, 경제적 성과와 화상 네트워크, 거주국에서의 현지적응 실태와 민족공동체의 형성, 화문(華文)교육과 민족문화 계승, 화인의 사회적 지위와 토착민과의 민족관계 등 화인 관련 다양한 주제가 체계적으로 이루어지고 있다(骆莉, 2002; 何西湖, 2004; 许梅, 2004; 廖小建, 2008; 郑一省 · 叶英, 2011; 王焕芝 · 洪明, 2011; 陈俊林. 2012). 그러나 말레이시아 화인을 대상으로 삼은 대부분 연구는 현지 거주국에서의 화인 활동에만 치중되어 있을 뿐, 그들과 모국과의 관계에 대해서는 연구가 활발하게 이루어지지 않고 있다.

요컨대, 말레이시아 화인 관련 기존연구는 대부분 화인 자본이나 네트워크, 거주국에서의 적응 실태 등 문제에 집중되어 있을 뿐, 그들의 초국가적 성격에 대한 세부적인 검토는 소홀히 하고 있는 것으로 나타났다. 더불어 현재 진행되고 있는 화인연구는 단순히 문헌연구를 중심으로 말레이시아 화인 문제를 분석하였기에 그들의 실태를 정확히 파악하기에는 한계가 있다.

이러한 배경 하에 이 연구는 설문조사 및 심층면접을 중심으로 말레이시아 화인 디아스포라의 민족교육 실태, 민족공동체 구축 현황, 모국과의 연계 등에 주목하여 모국이 말레이시아 화인에게 있어서 어떤 존재로 작용하고 있고, 그들의 초국가적 성격은 구체적으로 어떤 형식으로 표현되고 있는가를 분석하고자 한다. 아울러 설문조사 및 심층면접을 통한 실증적 접근은 화인연구의 폭을 넓히는데 유의미하다고 판단된다.

## 2. 초국가주의와 디아스포라

디아스포라에 관한 정의는 고전적, 어원적, 현대적 정의에 따라 그 의미가 달라지는데, 우선 고전적 정의는 역사적으로 팔레스타인에서 추방된 유대인들이나, 그들이 흩어진 지역, 혹은 민족 이산 자체를 의미한다. 어원적 의미로 디아스포라는 '씨 뿌리다'라는 뜻의 그리스어 동사 'Speiro'와 '위'를 나타내는 전치사 'Dia'의 합성어이다. 이는 일국의 경계를 넘어 흩어진 민족이라는 뜻을 내포하고 있다. 현대적 의미의 디아스포라는 이민, 문화적 격차, 정체성 정치 등을 설명하기 위한 용어로 사용되며, 특히 국경을 넘어 거주하는 사람들의 초국적 이동에 초점을 맞추고 있다.[2]

디아스포라는 초국가주의의 산물이다. 초국가주의 현상은 거스를 수 없는 시대적 흐름으로, 현재 전 세계적으로 국민국가의 경계를 넘어 정치 · 경제 · 사회 · 문화 등 제반 영역에서 활발하게 이루어지고 있다. 초국가주의 현상과 국제이주, 디아스포라의 증가는 공존한다. 세계화가 변화된 초국가적 사회영역을 창출하고 디아스포라에게 기회구조를 형성하기 때문이다.[3] 코헨(Robin Cohen)에 의하면, 초국가주의가 디아스포라에게 제공하는 기회구조는 세계시장에서 모국과의 경제적 거래 촉진, 자유로운 국제이주 증가, 네트워크 발전, 다언어 · 다문화 · 다종족 글로벌시티 출

---

**2** 임채완 · 전형권(2006), 『재외한인과 글로벌 네트워크』, 한울아카데미, pp. 25-27.

**3** 전형권(2005), "초국가주의 관점에서 본 화교 디아스포라와 네트워크", 『대한정치학회보』 13집 2호, p. 99.

현, 이주노동의 경쟁력 강화, 다중정체성 형성 등이다.[4] 초국가주의 시대, 세계 각국에 산재해 있는 디아스포라는 일반적으로 아래와 같은 특성을 나타낸다.

첫째는 초지역성이다. 국경을 넘나드는 디아스포라는 국가와 민족의 경계를 가로 질러 사는 '초이주자'이다. 디아스포라는 이주를 하지만 그들이 이동했던 국가에서 정치적 · 경제적 · 사회적 · 종교적 · 가정적 관계를 계속 유지한다. 따라서 디아스포라는 그들이 정착한 거주국에서 새로운 관계를 형성하고 있지만, 여전히 그들이 태어난 모국과의 연결을 지속함으로써 거주국과 모국을 아우르는 '초국가적 사회영역' 내에서 살게 된다.[5]

둘째는 다중정체성이다. 초국가주의 시대 세계는 획일적이고 동질화된 전지구적 문화가 형성되고 있는 것이 아니라, 다양한 문화가 복합적으로 융합되고 있다. 이러한 시대적 배경 하에 디아스포라는 수평적인 사회조직체라고 할 수 있다. 이주민들은 거주국에 적응하는 과정에서 현지의 사회 · 문화적 환경에 적응하는 동시에 모국의 전통 · 관습을 비롯한 문화적 특성을 유지하게 된다.[6] 사프란(Safran)에 따르면, 디아스포라는 세계 각국에 흩어진 이산성, 모국 고향 땅에 대한 집합적 기억, 거주국에 완전히 융합되지 못하는 소외감, 언젠가는 고향으로 돌아갈려는 귀환의식, 모국의 안전과 발전을 위해 힘을 이바지하는 집단적 헌신 정신, 그리고 모국과의 관계에서 연대를 중요시하는 등 특징을 가지고 있다.[7] 즉, 디아스포라는 초국가적 활동을 영위한 이주민 집단으로서, 모국에 대한 '집합적 기억'을 기반으로, 모국과의 연대를 유지하는 의지를 가지고 있다. 디아스포

4 전형권(2005), p. 99.

5 전형권(2005), p. 100.

6 전형권(2005), p. 100.

7 William Safran, *Diaspora in modern societies: Myths of homeland and return.* Diaspora1(1), 1991. pp. 83-84.

라가 모국을 떠나 전 세계 어느 지역에서 생활하고 있다고 할지라도, 모국에 대한 기억과 연대는 쉽게 단절되지 않는다.[8] 이러한 유대로 인해 디아스포라는 거주국에 장기간 정착하면서 현지 거주국의 국가정체성이 형성되는 동시에 모국의 언어를 습득하고 전통문화를 계승하며 그들만의 민족정체성을 형성한다.

필립 방콕(Philip Babcock)에 의하면 정체성이란 "변화의 상이성으로부터 구별되는 동일성이며, 다양한 실례들 속에 있는 본질적이거나 포괄적인 성격의 동일성이고, 인성과 단일성과 연속성"이다. 정체성이라는 용어는 동질성, 소속감, 연속성, 일체감의 의미를 포괄할 수 있는 표현이다.[9] 즉 정체성은 개인이나 집단의 존재를 주변세계와의 연관 속에서 규정하고 설명하는 용어이다. 민족정체성은 특정 민족이 가지는 고유특성이나 민족의 일원으로서의 소속의식을 지칭한다.[10] 민족정체성은 민족구성원들 사이에 공유되고 있는 객관적 특성과 민족적 차원에서 자기를 누구로 인식하는가를 반영하는 주관적 측면이 포함된다. 여기서 객관적 민족정체성은 민족집단에 특유한 문화적 특성, 예컨대 언어, 종교, 생활방식과 민족의 역사적 유래 등 객관적 지표들로 구성된다. 주관적 민족정체성은 개개인들의 소속의식 즉 민족의식으로 나타난다. 문화적 고유 특징을 보전하고 있는지는 민족정체성을 유지하고 있는지 아니면 타문화에 이미 동화되었는지를 가르는 기준이 된다. 아울러 소속의식으로서의 민족정체성은 민족적 공동운명의식이나 사상의 심리적 토대가 된다.[11]

---

8 김혜련(2015.03), p. 84.

9 임채완(1999), "중앙아시아 고려인의 언어적 정체성과 민족의식", 『국제정치론집』 제39집 2호, p. 317.

10 정영훈(2010), "민족정체성, 그리고 한민족의 민족정체성", 『민족학연구』 9권 1호, p. 3.

11 정영훈(2010), pp. 3-4.

셋째는 초국적 네트워크이다. 초국가주의의 가장 분명한 패러다임은 국경을 넘나드는 디아스포라의 글로벌 네트워크이다. 카스텔즈(Manuel Castells)는 21세기를 네트워크 사회로 정의하였으며, 네트워크사회의 도래에 따라 누구나 이러한 네트워크와 연결되어야만 생존하고 발전하다고 주장한다. 또한 그는 "민족"이라는 동질성과 정체성이 네트워킹에 거대한 위력을 발휘한다고 지적하며, 이러한 네트워크는 구성원들 간에 통신, 방문, 학술, 문화 등의 교류와 무역, 투자 등 다양한 경제적 거래를 촉진시키는 기반이 될 것이라고 주장한다.[12] 이주의 시대가 도래됨에 따라 조밀하고 활성화된 초국가적 네트워크가 다양한 부류의 사회, 문화, 경제, 그리고 정치적 관계를 변형시키고 있다. 대표적인 사례가 바로 화인 네트워크이다. 화인 디아스포라는 혈연, 지연, 업연 등에 따라 네트워크를 형성했으며, 1940년대에 이르러서는 이러한 네트워크가 각국 내에서 하나의 공동체로 통일되었고, 1970년대에는 각국의 네트워크들을 하나로 묶는 동남아시아 전체의 네트워크가 형성되었다. 또한 1990년대에 들어 화인 네트워크는 점차 미국, 유럽으로 이동하여 이들 지역과 동남아시아를 연결하는 범지구적 네트워크를 구축하였다.

이렇듯 디아스포라는 초국가주의적 산물로서, 국가 민족의 경계를 가로지르는 초지역성을 나타내고 있을 뿐만 아니라, 현지 거주국 국민으로서의 국가정체성, 모국의 문화적 특성을 계승하고 유지하는 민족정체성을 동시에 간직하고 있다. 아울러 디아스포라는 비록 모국을 떠나 거주국에서 새로운 삶을 영위하고 있지만, 여전히 모국과 정치 · 경제 · 사회 · 문화적으로 연계를 유지하고 있다.

이러한 이론적 논의를 기반으로 이 책에서는 말레이시아 화인의 이주 역사, 그들의 민족집거지 차이나타운, 모국어와 모국문화를 유지하고 계

12 전형권(2005), p. 101.

승하기 위해 설립한 화문학교, 말레이인과의 종족관계, 모국과의 연계를 세부적으로 검토함으로써 화인의 초국가적 성격을 규명하고자 한다.

# III

# 화인 디아스포라의 말레이시아 이주사

## 1. 화인의 동남아 진출

중국과 동남아시아의 왕래는 오랜 역사를 가지고 있으며, 진나라(秦) 시기부터 이미 시작되었다는 기록이 있다. 따라서 중국 역사에서 배출한 화인 디아스포라의 동남아시아 진출도 이때부터 시작되었다고 할 수 있다. 가장 오래된 기록은 진시황(秦始皇)이 불로장생의 약을 찾고자 방사(方士) 서복(徐福)을 동쪽의 섬나라로 보냈다는 기록이 있다. 서복은 점성가로서 진시황의 명을 받아 불로초를 찾기 위해 동쪽으로 항해했다. 그에 대한 최초 기록은 기원전 1세기 초에 완성된 쓰마첸(司马迁)의 『사기(史记)』에서 발견되었다.[1]

또한 『한서(汉书)』, 『삼국지(三国志)』, 『양서(梁书)』 등에서는 일남군(日南郡)의 장새(障塞), 서문(徐闻), 합포항(合浦港)을 출발하여 5개월 정도 항해하면 도원국(都元国)에 이르고, 이곳에서 다시 4개월 항해하면 읍려몰국(邑庐没国)에 이르며, 또 다시 배를 타고 20여일 가면 심리국(谌離国)에 이르렀으며, 보행으로 열흘정도 더 가면 부감도려국(夫甘都庐国)이 있고, 이곳에서 2개월 정도 더 항해를 지속하면 황지국(黄支国)에 도착한다는 기록이 있다. 여기에서 남인도의 깐치(Kanci)국으로 보이는 황지국과 중국 사이에 위치한 다른 동남아시아 국가들은 이미 중국과 상업적인 접촉을 했을 가능성을 내포하고 있다.[2]

한나라(汉)와 그 이후의 왕조들은 꾸준히 해외무역을 수행하였다. 중국의 기록에 따르면, 동남아시아 대륙의 부남(扶南), 임읍(林邑), 진랍(真臘), 그리고 자바 수마트라의 스리위자야와 헤링 등지를 제외한 수많은 왕국들

---

1 卫挺生(1953), "徐福与日本建国考", 『徐福与日本』; 왕경우 저 · 윤필준 역(2003), 『중국 밖의 또 다른 중국인 화교』, 다락원, p. 17. 재인용

2 홍재현(2008), "말레이시아 화교의 특성", 『중국인문과학』 제38호, p. 428.

이 중국과 교역했던 사실을 알 수 있다.[3]

5~6세기에 이르러 불교를 신봉하던 중국 왕조의 통치자들과 남 · 동남아시아 통치자들의 공식적인 접촉이 점차 많아졌다. 이는 남 · 동남아시아와 연해 지역의 중국인들이 안정적인 종교, 교역, 외교 관계가 있었다는 것을 입증한다. 이러한 교역과 왕래가 발전하여 당(唐) 왕조시대에는 향료와 약재 교역이 확대되어 말레이반도의 경제에 영향을 미쳤다.[4] 당왕조(618~907)시대에는 황제나 지방장관의 업무를 대신하여 일부 관리들이 동남아시아로 파견된 기록이 있다. 또한 많은 승려들과 학자들이 인도를 향해 떠났으며, 동남아시아의 종교 중심지에 정착한 사람들을 포함해 돌아가지 않은 중국인들도 있었다.[5]

10세기 이전까지는 얼마만큼의 중국인들이 교역을 목적으로 해외로 진출했는지는 분명하지 않지만, 중국 무역상들이 화물을 싣고 다시 귀국할 생각으로 해외로 나갔던 사실은 10세기 이후의 기록에서 찾아볼 수 있다. 이러한 기록들을 통해 적어도 10세기 이전에는 의도적으로 출국을 시도했거나, 영구적으로 출국했던 중국인은 없었다고 추정할 수 있다. 당시 중국인들은 19~20세기에 진출한 화인들의 선구자가 아니었다.[6] 10세기 초 당나라가 멸망할 즈음, 연해를 따라 남당(南唐)[7], 오월(吴越),[8] 민(闽)[9], 남

---

**3** 왕경우 저 · 윤필준 역(2003), p. 18.

**4** 홍재현(2008), p. 428.

**5** 왕경우 저 · 윤필준 역(2003), p. 20.

**6** 왕경우 저 · 윤필준 역(2003), pp. 22-23.

**7** 남당(南唐)의 수도는 난징(南京)이었지만, 창쟝(长江) 어귀의 통제권을 다투었다. 왕경우 저 · 윤필준 역(2003), p. 23.

**8** 오월(吴越)왕국은 저쟝(浙江)성을 주요 근거지로, 항저우(杭州)를 수도로 하였으나, 역시 창쟝 어귀의 일부를 통치하였다. 왕경우 저 · 윤필준 역(2003), p. 23.

**9** 민(闽) 제국의 주요 근거지는 푸젠(福建)성이며, 수도는 푸저우(福州)이다. 왕경우 저 · 윤필준 역(2003), p. 23.

한(南汉)[10], 남비엣(南越)[11] 5개 왕국이 건국되었으며, 이 중 4개 왕국의 수도가 무역항에 위치해 있었다. 따라서 이러한 왕국은 입지 조건을 충분히 활용해 무역 수입뿐만 아니라, 해외 교역도 상당히 확장시켰다.

12세기 남송 해안 상품경제의 급격한 발전에서 시작하여 16세기 후반 명대의 개방까지 약 4~5백년간 화인들은 오늘날의 싱가포르, 베트남, 태국, 필리핀 등 교통무역의 중심지로 이동하였으며, 그 수는 약 10만 명에 이르렀다. 이 지역에서 해외무역을 하는 중국 상인들의 일부가 정착하여 초기 화인사회를 이루었다.[12]

13~15세기 중국은 수차례에 걸쳐 중국해를 건너는 해상원정을 진행하였다. 중국인에게 있어서 위험을 무릅쓰고 험난한 바다를 헤쳐 해외에 체류하게 만든 유일한 이유는 교역일 것이다. 중국을 재통일한 원나라 왕조(1278~1368년)시기 개인들의 해외 무역이 꾸준히 성장하였다. 당시의 무역은 주로 몽골인들이 신임했던 중앙아시아와 페르시아 및 아랍 등지 출신의 무슬림에 의해 이루어졌는데, 무슬림들은 많은 중국인들과 적극 협력하였으며, 많은 무슬림과 외국 상인들이 스스로 중국에 정착해 중국인이 되기도 하였다. 이렇듯 외국인들의 상업 활동은 그때까지도 중국 남부 지역에 상당한 영향을 미치고 있었다. 원나라는 비록 역사가 짧은 왕조였으나, 대륙 세력인 동시에 해양 세력의 성격을 지닌 왕조이기도 하다.[13]

원나라 멸망이후 중국의 화중(华中) 지역에 건국한 명나라는 외교관계에서 많은 모순을 갖고 있던 왕조였다. 명나라는 상대적으로 개방적이었

---

10 남한(南汉)제국은 현재의 광둥성(广东省)과 광시성(广西省)을 통치하였으며, 수도는 광저우였다. 왕경우 저 · 윤필준 역(2003), p. 23.

11 남비엣(南越) 왕국은 베트남 북부의 안남 도호부 보호령으로, 수도는 하노이였다. 978년 송나라가 중국 남부를 재정복한 이래, 독립 상태로 남았다. 왕경우 저 · 윤필준 역(2003), p. 23.

12 홍재현(2008), p. 429.

13 왕경우 저 · 윤필준 역(2003), pp. 28-29.

던 원나라의 정책들을 거부했고, 동쪽 해안에서 외국인 상인과의 개인 무역을 금지시켰으며, 지난 3백 년 동안 일관성 부족으로 약화되었던 조공제도를 한층 더 강화하는 동시에 제도화된 형태를 강요함으로써 남부 연해의 중국인들이 내륙과 북부 지역에 의지해야 한다는 전통을 재확인하였다. 역설적으로 영락제(永乐帝) 주디(朱棣)가 명나라를 통치했던 시기에 정화(郑和)의 위대한 항해가 이루어졌다. 1405~1433년에 이루어진 정화의 모험적 인도양 항해는 중국 해군사의 정점을 기록하였다. 그러나 1433년 정화의 마지막 항해이후, 모든 해양 원정은 중단되었다. 배들은 버려졌고, 선장과 선원들은 전환 배치되었다. 연해 지역 사람들은 강제로 육지로 돌아가야 했고, 그들이 육지에서 생계를 꾸리지 못해 바다로 나갈 수밖에 없게 되자, 배의 크기와 용적이 엄격히 제한되었으며, 해외 교역은 금지되었다. 명나라 건국이후 60년 동안의 정책들은 10세기 이래 꾸준히 성장해왔던 중국 해양 발전의 활기를 단절시켰다. 명나라 말기 해금령(海禁令)이 완화되면서 한동안 중국인들의 해외 경제활동이 활발하게 전개되었으나, 1644년 명나라가 청나라로 대체되자, 육상 정복자인 청나라는 명조보다 더 효율적인 해금령을 원상 복귀시켰다.[14]

16세기 후반부터 1840년 아편전쟁이 일어나기까지 약 300년 동안 제2기 중국계 이주민의 동남이 진출이 진행되었다. 이 시기 동남아 일부 지역은 이미 서구 열강의 식민지 또는 무역중개지로 변해있었고, 상품경제가 매우 활성화되어 있었기 때문에 대규모의 중국계 이주민을 끌어들일 수 있었다.[15]

1840년 아편전쟁부터 1949년 중화인민공화국의 성립까지는 화교 · 화인의 해외진출 제3기라고 할 수 있다. 이 시기는 끊임없는 전쟁과 제국

14 왕경우 저 · 윤필준 역(2003), pp. 30-45.

15 홍재현(2008), p. 429.

주의의 경제적 약탈로 인해 중국인들이 생계를 유지하기 위해 모국을 떠나 동남아시아로 대거 유입되었다. 아울러 동남아 지역에 대규모의 식민지가 개척됨에 따라 필요한 노동력을 중국 및 인도 지역에서 유입하였는데, 중국계 이주민은 계약노동자(契约华工)의 신분으로 말레이시아, 인도네시아를 비롯한 동남아로 이주하였다. 이 시기 화교들의 동남아 진출은 절정에 이르렀으며, 그 규모는 천만 명에 이르렀다.[16] 또한 화교들은 민족의식을 점차 인식하고 자각함과 동시에 현지 거주국의 구성원으로서 자리매김하였다. 그들의 활동범위는 아시아에서 미주 및 유럽, 아프리카 등 지역으로 확산되었다.[17]

## 2. 화인의 말레이시아 이주 및 정착

인도양과 남중국해 사이에 위치한 말레이 반도는 오랜 해상 무역의 중심지이었기에 일찍부터 해외로부터 인구 유입을 경험해왔다. 말레이 반도의 주요 국가인 말레이시아는 이주민 유입으로 아시아의 대표적 다문화 · 다종족 · 다종교 · 다언어국가로 성장하였다.[18] 말레이시아에서 공존하는 다양한 종족 중에서 중국계 이주민 화인은 15세기부터 이미 말레이 반도로 유입되기 시작하였다.

중국계 이주민의 말레이시아 이주는 15세기 당시 무역로를 따라 이곳에 왔다가 말라카 지역에 정착한 중국인 후손들이 페라나칸(peranakan)이라는 공동체를 형성한 것이 최초였다. 그들은 19세기 이후 영국의 식민지 정

16 홍재현(2008), p. 429.

17 정성호(2004), 『화교』, 살림, pp. 6-7; 홍재현(2008), p. 429. 재인용

18 임은진(2016), "국제적 인구 이동에 따른 말레이시아의 다문화사회 형성과 지역성", 『한국도시지리학회지』 제19권 2호, p. 91.

책에 따라 말라야로 대거 이주해온 중국인 계약노동자들이 본토에서의 생활양식과 전통을 대부분 그대로 지켜나간 것과 달리 말레이사회에 깊숙이 동화되어 중국과 말레이문화가 결합된 독특한 형태의 문화를 형성하였다. 이들은 객가(客家)방언과 말레이어가 섞인 페라나칸 방언을 주로 사용하였으며, 음식과 복식에서도 고유한 중국식에 말레이식 특성을 가미하여 페라나칸 특유의 변종을 만들어냈다. 18세기 중엽 네덜란드가 실시한 인구조사에 따르면 당시 말라카 지역에는 약 2천 명의 페라나칸이 살고 있었다. 바바(baba)라고 불리는 페라나칸의 남성들은 이후 영국 식민통치 하에서 원주민사회와 식민당국을 연결하는 중개자 역할을 담당하며 확고한 활동영역을 구축하게 된다. 다른 한편 뇨냐(Nyonya)라고 불리는 페라나칸의 여성들은 집안의 대소사에 관한 의사결정, 특히 경제 문제에서 상당한 발언권을 행사하였다. 이는 기존 중국의 가부장적 전통과는 확연히 구분되는 차이점이다. 이는 중국의 전통적 가부장제도가 현지의 관습 및 전통과 적당히 조화를 이룬 상황으로 봐야 할 것이다.[19] 말레이시아에서도 다문화 항구도시라고 불리는 말라카가 페라나칸 문화를 잘 보존하고 있다. 페라나칸의 역사와 문화를 직접 경험하고 자료를 수집하고자 연구팀은 말라카의 바바뇨냐박물관(峇峇娘惹祖屋博物馆), 뇨냐 레스토랑을 직접 방문하였다.

19세기 중엽 영국이 말레이반도 주석광산에서 중국계 이주민을 계약노동자 신분으로 대거 유입시킨 것을 계기로 말레이반도에 유입한 중국인들의 규모는 대폭 증가하였다. 영국은 당시 청조말기 아편전쟁의 여파로 극심한 경제적 어려움에 시달리고 있는 중국인을 계약노동자로 유입시킨 것이다. 19세기 중엽부터 20세기 중반까지 중국인의 해외이주는 절정을 이루었다. 1840~1842년 아편전쟁, 1857~1864년 태평천국의 난, 1990년 의화단사건, 1911년 신해혁명을 비롯해 중국 국내는 전쟁이 빈번했으

---

**19** 홍재현(2008), pp. 429-430.

**사진 3.1** 말라카 뇨냐(Nyonya) 레스토랑(娘惹餐厅)
출처: 저자 촬영

며, 국민은 약탈과 파괴에 시달려야만 했다. 아울러 홍수와 기근, 인구과잉으로 인한 실업 등으로 중국인들은 생계를 유지하고, 새로운 삶의 기회를 찾고자 해외이주를 선택하였다.[20]

다른 한편, 19세기의 동남아시아 역시 급격한 변화에 직면하게 되었다. 중상주의의 퇴조로 영국의 동인도회사는 종말 하였고, 자유주의 무역의 유리한 조건이 싹트기 시작하였다. 아울러 1869년 동남아시아 역사 상 획기적인 사건으로 불리는 수에즈운하가 개통되었으며, 항해시간의 단축

**20** 홍재현(2008), p. 430.

**사진 3.2** 말라카 뇨냐(Nyonya) 레스토랑 내부사진
출처: 저자 촬영

으로 인해 주석, 담배, 고무 생산은 2~3배로 확대되었다. 그러나 현지 원주민들은 농업에서 벗어나는 것을 원하지 않았으며, 경제 성장 중의 말레이반도는 대규모의 노동력을 필요로 하였다.[21] 이러한 배경 하에 국내의 전쟁 및 자연재해, 인구과잉으로 인해 생계를 유지하기 어려운 대규모 중국계 이주민이 말레이시아에 유입되기 시작한 것이다. 다시 말해 중국계 이주민의 말레이시아 유입은 중국 국내 송출요인과 말레이시아 현지 유입요인이 상호작용한 결과물이다.

계약노동자 신분으로 유입된 중국계 이주민 상당수는 계약 만료 이후 모국으로 돌아갔지만, 일부 잔류한 이주민은 말레이시아에 정착하여 현지 거주국 국적을 취득하면서 공식적으로 말레이시아 사회에 편입되었다. 중국계 이주민들은 근면성을 기반으로 주석광산의 본격적인 개발에 참여하였으며, 점차 상업과 농업 분야로 활동 영역을 확대하였다. 계약노동자 신분으로 유입한 중국계 이주민은 점차 대규모 사탕수수 농장과 고무농장 등 플랜테이션 개발로 이어갔으며, 슬랑오르(Selangor), 빼락(Parak)의 주석

21 홍재현(2008), p. 430.

광산지대로 세력을 확장하여 말레이반도뿐만 아니라 사바(Sabah), 사라와크(Sarawak)의 상업 지역에도 영향력을 확대하여 경제활동의 대부분을 장악하였다.[22] 페라나칸과 달리, 이 시기에 유입된 중국계 이주민은 현지 거주국에 동화된 것이 아니라, 그들의 민족언어와 저농문화, 민족정체성을 유지하면서 말레이시아 3대 종족의 하나로 자리매김하였다.

**22** 홍재현(2008), p. 430.

# IV

## 말레이시아의 차이나타운

일반적으로 거주국에 유입한 이주민들은 분산 거주하기보다는 특정 지역에 밀집거주하게 되고, 음식점 · 상가 · 지원 단체 · 종교시설 등 일상 생활 및 현지적응에 필요한 생활 인프라를 구축하여 점차 거주국사회에 적응해 나간다. 이렇듯 이주민들의 생활공간 및 인프라 등이 공간적으로 집적하여 형성된 곳을 이주민 밀집지역 혹은 이주민 집거지라고 한다.[1] 이주민 밀집지역은 거주국 사회에서 이주민들 간 정보교류의 장이 되고, 공간적 치환에 따른 신분상의 불안정과 적응과정에서 직면하는 스트레스를 해소하는데 도움이 된다. 일반적으로 이주민 밀집지역은 주류사회에 적응하지 못한 소수민족집단들이 독자적인 생존전략으로 비공식적인 영세한 규모의 자영업에 집중하면서 형성되는 사회적 · 경제적 공동체를 의미한다.[2] 아울러 이주민 밀집지역은 집단 특유의 문화적 특성과 정체성, 경제적 생활이 함께 어우러지는 지리적 공간이라고 볼 수 있다. 이렇듯 이주민 밀집지역은 거주국의 특정지역을 기반으로 이주민들이 경제적 · 사회적 · 문화적 생활을 누리고 향유할 수 있는 생활인프라가 구축되어 있는 공간이라 할 수 있다.[3] 말레이시아에도 화인들의 문화적 특성과 생활인프로가 구축된 화인 밀집거주지역이 조성되어 있는데, 그것이 바로 차이나타운이다.

차이나타운이란 중국 영토 외의 지역에 정착하고 있는 중국계 이주민들이 현지 거주국에서 형성한 밀집거주지역을 가리킨다. 흔히 "중화가(中华街)", "당인가(唐人街)"라고 불리는 차이나타운은 해외에 산재해 있는 화

1 박세훈 · 이영아 · 김은란 · 정소양(2009), 『다문화사회에 대응하는 도시정책 연구(1): 외국인 밀집지역의 현황과 정책과제』, 서울: 국토연구원, p. 20.

2 권상철(1998), "미국 대도시지역 동양계 동족경제의 특성에 관한 연구: 뉴욕과 로스엔젤레스의 비교", 『한국지리환경교육학회지』 제6권 1호; 박세훈 · 이영아 · 김은란 · 정소양(2009), p. 20. 재인용

3 선봉규(2017), "한국에서 외국인 집거지의 형성과 공간적 특성에 관한 연구: 광주광역시 고려인마을을 중심으로", 『한국동북아논총』 제22권 2호, p. 196.

교 · 화인들이 모국에 대한 '집합적 기억'과 상징기제가 구체적으로 구현된 이주민 공간이다. 전 세계에는 런던, 뉴욕, 샌프란시스코, 요코하마, 한국의 인천 · 부산을 비롯해 수많은 차이나타운이 조성되어 있다.[4] 말레이시아에는 화인이 밀집거주하는 쿠알라룸푸르, 말라카, 페낭에 차이나타운이 조성되어 있다. 연구자는 말레이시아 화인이 밀집 거주하는 세 지역을 직접 방문하여 그들의 현지 적응 실태를 검토하였다.

## 1. 쿠알라룸푸르 차이나타운

### 1) 쿠알라룸푸르 화인

쿠알라룸푸르는 말레이시아 수도로서 말레이반도 서해안 중부의 산록지대에 위치해 있으며 켈랑강 어귀에서 약 40km 떨어져 있다. 19세기 중엽까지 쿠알라룸푸르는 밀림에 뒤덮여있었지만, 1857년 주석광을 채굴하기 위해 중국계 이주민 화인이 유입되면서 점차 도시가 형성되었다. 쿠알라룸푸르는 현지어로 '흙탕물의 합류'라는 뜻이다.

쿠알라룸푸르는 동남아시아 특유의 복합사회 특성을 나타내고 있으며, 특히 말레이시아의 다종족 · 다언어 · 다문화 특성을 잘 나타내고 있다. 쿠알라룸푸르 주민의 2/3는 화인이고, 말레이계가 15%, 인도계가 10% 차지하며, 유럽으로부터 유입한 외국인도 함께 거주하고 있다.[5] 그들은 저마다 역사적으로 거주구역을 달리하고 있으며, 종교 · 언어 · 직업 ·

4 김혜련(2016), "일본 요코하마 차이나타운의 모국상징기제 연구", 『동북아문화연구』 46집, p. 289.

5 네이버 지식백과: https://terms.naver.com/entry.nhn?docId=1150666&cid=40942&categoryId=40066(검색일: 2020.10.17.)

생활수준 등에서도 뚜렷하게 구별되고 있다. 예컨대 쿠알라룸푸르 거주 주민 중 화인이 상공업 분야에 압도적으로 많이 진출했으며, 경찰 · 군인 등은 대부분 말레이계가 담당하고 있고, 교통운수 종사자는 인도계가 많은 편이다.[6]

쿠알라룸푸르는 말레이시아 국내에서도 화인이 밀집 거주하는 도시로서 잘란 프탈링 거리(茨厂街, Petaling Street), 관음묘를 비롯한 다양한 화인 관련 인프라가 조성되었다.

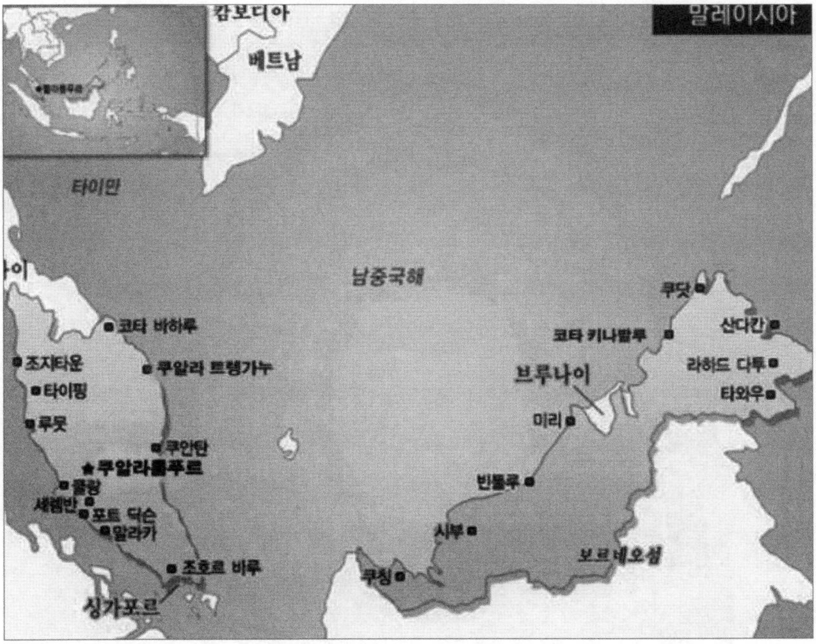


**사진 4.1** 쿠알라룸푸르 위치

출처: https://terms.naver.com/entry.nhn?docId=1150666&cid=40942&categoryId=40066(2020.10.17.)

---

6 네이버 지식백과: https://terms.naver.com/entry.nhn?docId=1150666&cid=40942&categoryId=40066(검색일: 2020.10.17.)

## 2) 잘란 프탈링 거리(Jalan Petaling Street, 茨厂街)

쿠알라룸푸르의 차이나타운은 잘란 프탈링 거리(Jalan Petaling Street), 중국어로 츠창제(茨厂街)로 불린다. 차이나타운은 페트로나스 트윈 타워, 부킷 빈탕과 함께 쿠알라룸푸르의 중심을 이룬다. 차이나타운의 범위는 서쪽 LRT 파사르 스니 역에서 동쪽 플라자 라캿 역까지, 북쪽 잘란 푸두와 잘란 툰탄 청록에서 남쪽 잘란 술탄 지나 잘란 불라탄 메르데카(Jalan Bulatan Merdeka)까지이고, 잘란 프탈링이 그 중심부에 있다. 이곳에는 대부분 화인들이 장사를 하거나 식당을 운영하고 있다.

잘란 프탈링 거리는 쿠알라룸푸르 시내에서 화인의 문화적 특성이 가장 잘 표출되는 지역이다. 비록 쿠알라룸푸르 시내에서 아주 작은 지역에 불과하지만, 춘절(春节) · 중추절(中秋节)을 비롯한 화인의 전통명절에는 가장 번화한 거리이다. 현재 잘란 프탈링 거리는 쿠알라룸푸르의 유명한 관광지인 동시에 현지인들이 많이 찾는 야시장이기도 하다.

**사진 4.2** 쿠알라룸푸르 잘란 프탈링 거리(Jalan Petaling Street, 茨厂街)
출처: 저자 촬영

**사진 4.3** 잘란 프탈링 거리 내부 사진
출처: 저자 촬영

잘란 프탈링 거리는 쿠알라룸푸르의 차이나타운으로서 도시 남쪽에 위치해 있다. 잘란 프탈링 거리에는 주로 중국으로부터 수입한 의상, 중약재(中草药), 시계를 비롯한 악세사리를 판매한다. 이곳에는 중국 음식을 맛볼 수 있는 화인 식당뿐만 아니라, 커피숍, 화문서점, 호텔, 슈퍼마켓 등이 입점 되어 있어 현지 화인들이 쇼핑하는 곳이기도 하다.

이 거리에서는 차이나타운인만큼 화인들의 모국 상징기제를 쉽게 찾아볼 수 있다. 예컨대 패루(牌楼)를 비롯한 중국식 건축이 구축되어 있으며,

**사진 4.4** 잘란 프탈링 거리의 패루(牌楼)

**사진 4.5** 잘란 프탈링 거리의 등롱(灯笼)

**사진 4.6** 잘란 프탈링 거리 야시장

빨간 등롱(灯笼)이 곳곳에 설치되어 있다. 패루는 중국전통 건축문화를 대표하는 건축으로 주나라(周朝)부터 형성되어 지금까지 수천 년의 역사를 이어오고 있다. 사진에서도 볼 수 있다시피, 잘란 프탈링 거리라고 적혀있는 패루가 바로 중국식 건축이며, 빨강 등롱이 걸려있고 용(龙)모양이 새겨져있다. 화인들의 문화적 특성이 스며들어 있는 이곳은 쿠알라룸푸르를 방문한 관광객들이 꼭 찾는 관광지이기도 하다.

잘란 프탈링 거리는 쿠알라룸푸르 시내의 유명한 야시장이기도 하다. 잘란 프탈링 거리에는 다양한 화인식당이 있을 뿐만 아니라, 저녁에는 포장마차가 많이 설치되어 다양한 화인 음식을 맛볼 수 있다. 아울러 차이나타운 주변에는 준쿵독립중학교(尊孔独立中学)를 비롯한 화문중학교(华文中学)와 학원이 조성되어 있어 점심시간에도 많은 중학생들이 잘란 프탈링 거리의 식당을 방문해 주요한 고객원이 되고 있다.

### 3) 천씨서원(陈氏书院)

쿠알라룸푸르는 화인들이 밀집거주하는 지역으로 곳곳에 화인들의 사원 혹은 서원들이 조성되어 있다. 차이나타운 남쪽에 위치한 천씨서원

(陈氏书院)이 대표적인 서원 중의 하나이다. 천씨서원은 1896년에 설립되었고, 현재의 건물은 1899년 천(陳)씨 가문의 선조를 모시기 위해 구축되기 시작해 1906년에 준공되었다. 주 건물은 정면 3칸, 중정, 후면 3칸의 중국 전통 사원 형식을 띠고 있는데 화려한 용마루 장식이 특징이다.

**사진 4.7** 쿠알라룸푸르
천씨서원(陈氏书院)

**사진 4.8** 천씨서원 내부사진
출처: 저자 촬영

사진 4.9 천씨서원 덕성당(德星堂)
출처: 저자 촬영

천씨서원은 중국 영남식(岭南式) 건축이며, 중국 광저우에 있는 천씨서원과 비슷하게 건축되었는데 규모가 작은 편이다. 서원은 천슈렌(陈秀连), 천신시(陈新禧), 천춘(陈春), 천유텐(陈有田) 등이 모금하여 건축하였으며, 서원 안쪽 덕성당(德星堂)에는 천씨 선조의 위패가 모셔져 있다.

### 4) 관음사(观音寺)

화인들이 밀집거주하고 있는 지역에는 그들의 종교적 상징기제인 화인사원을 쉽게 찾아볼 수 있다. 화인사원은 고향을 떠난 화인들이 모국에 대한 그리움과 향수를 달래는 정식적 안식처이다. 쿠알라룸푸르 차이나타운 남쪽 지역에 바로 이러한 화인사원 관음사(观音寺)가 조성되어 있다.

쿠알라룸푸르 관음사는 1880년 차이나타운 남쪽에 위치한 천씨서원 아래에 세워진 사원으로, 자비의 신인 관음보살(观音菩萨)을 모시는 곳이다. 관음사 입구에는 중국풍의 돌로 된 삼문이 있고 안쪽에는 후대에 다시 세워진 것으로 보이는 현대적인 느낌의 사찰 건물이 있다. 관음은 자비의 여신으로 대개 바닷가에 있거나 바다에서 일하는 사람들이 세운 것이 많다.

고향을 떠나 바다를 건너 말레이시아까지 이주한 화인들은 관음보살 혹은 바다의 여신 천후(天后)에게 기원하는 방식으로 모국에 대한 그리움

**사진 4.10** 쿠알라룸푸르 관음사(观音寺)

과 향수를 표출한다. 따라서 말레이시아 곳곳에는 관음사, 천후궁(天后宫), 관제묘(关帝庙)를 비롯한 다양한 화인사원이 조성되어 있다.

### 5) 천후궁(天后宫)

쿠알라룸푸르 로브슨힐 언덕에 위치해 있는 천후궁은 말레이시아의 대표적 화인사원이며, 동남아시아에서도 가장 큰 규모의 화인사원으로 알려져 있다. 천후궁은 현지 화인단체 해남회관(海南会馆)이 설립하였으며, 1987년에 준공하여 1989년 해남회관 설립 백주년에 공식적으로 개방되었다.

천후궁의 건축양식은 중국 영남식(岭南式) 건축과 화북식(华北式) 건축의 결합체이다. 대전(大殿) 지붕에는 영남식 건축에서 자주 등장하는 용, 봉황, 물고기 모양이 새겨져 있으며, 패루 지붕에는 화북식 건축에서 자주 볼 수 있는 짐승상(脊兽)이 새겨져있다. 사원 내부에는 대들보, 두공, 주작대

**사진 4.11** 쿠알라룸푸르 천후궁(天后宮)
출처: 저자 촬영

신, 난간, 조정, 용주, 유리기와 등 중국특색의 건축 양식을 찾아볼 수 있다.

화인사원은 해외에 거주하는 화인이 모국에 대한 신화를 간직하고, 모국 관련 상징과 기표를 생활터전에 구현하는 가장 대표적인 형식 중의 하나이다. 쿠알라룸푸르 천후궁은 천후 마조(天后妈祖)를 모시고 있다. 마조

**사진 4.12** 천후궁(天后宮) 내부사진
출처: 저자 촬영

**사진 4.13** 천후궁 천후성모(天后圣母)

**사진 4.14** 천후궁 수미성낭(水尾圣娘)

(妈祖)는 중국 연해 지역에서 전승된 민간신앙으로, 천후궁은 화인들이 바다로 나간 상인이나 어민의 안전을 빌기 위해 찾아가는 사원이다. 대전 양측에는 수미성낭(水尾圣娘)과 관세음보살(观世音菩萨)을 모시고 있다. 마조, 수미성낭, 관세음보살은 해남 출신 화인에게 있어서 가장 중요한 남해 신령이다.

마조와 관세음보살을 동시에 모시고 있는 화인사원은 도교와 불교가 공존하는 종교적 상징기제이다. 춘절, 중추절을 비롯한 전통명절이나 마조 탄생을 기념하는 날에는 천후궁에서 다양한 축제가 개최된다. 천후궁은 쿠알라룸푸르 화인이 고향에 대한 향수를 표출하는 종교적 상징기제인 동시에 화인 문화를 경험할 수 있는 유명한 관광지기도 하다.

### 6) 관제묘(关帝庙)

쿠알라룸푸르에는 마조를 모시는 천후궁, 관세음보살을 모시는 관음사가 있을 뿐만 아니라 『삼국지』에 등장하는 촉나라 장수 관우(關羽)를 모시는 관제묘(關帝廟)가 있다. 그만큼 화인사원은 말레이시아 화인 공동체를 형성함에 있어서 중요한 역할을 담당하고 있다.

**사진 4.15** 쿠알라룸푸르 관제묘(关帝庙)
출처: https://100.daum.net/encyclopedia/view/87XX41100022(검색일: 2020.10.18.)

관우는 중국 전통 문화사상에서 충의(忠义)와 용무(勇武)를 상징한다. 사원 안쪽 중앙에는 관우상이 있는데 붉은 얼굴에 손에는 춘추를 들고 있다. 관우상 좌우에는 그의 아들인 관평(关平), 그의 부하인 주창(周仓)이 보좌하고 있으며 사원 내에는 관우가 타던 적토마(赤兔马)와 그가 사용하던 청용언월도(青龙偃月刀)도 볼 수 있다. 사원에 들어서면 사원 천정에 돌돌 매달려 있는 만년향 타는 연기가 자욱하고 관우상을 향해 복을 기원하는 사람들을 많이 볼 수 있다.

쿠알라룸푸르 관제묘는 말레이시아 국내에서도 가장 오랜 역사를 기록하는 화인 사원 중의 하나이다. 관제묘는 광서(光绪)14년 즉 1888년에 준공되었으며, 1994년에 대규모 보수를 거쳐 현재의 모습을 유지하고 있다. 다른 화인사원과 마찬가지로 관제묘는 화인들이 고향에 대한 그리움을 달래고 특별한 날에 찾아가는 종교적 상징기제인 동시에 관광객들이 자주 방문하는 관광지로 발전하였다.

**사진 4.16** 관제묘 내부사진
출처: https://100.daum.net/encyclopedia/view/87XX41100022(검색일: 2020.10.18.)

## 2. 말라카 차이나타운

### 1) 다문화도시 말라카

말레이시아의 수도 쿠알라룸푸르에서 버스를 타고 남쪽으로 3시간 정도 가면 말라카 해협에 인접한 항구도시 말라카에 도착할 수 있다. 말라카는 말레이시아 반도 중간 부분의 남서부 지역에 위치한 항구도시이자 관광도시이다. 오랫동안 한적한 어촌이었던 말라카는 14세기 인근 수마트라 섬에서 온 파라메스바라(Parameswara)가 이슬람 왕국을 세운 후, 인도양과 남중국해를 잇는 지리적 이점 덕분에 해상 실크로드의 거점 도시로 성장하였다. 1511년 포르투갈이 말라카를 정복하여 아시아 최초의 유럽 식민지로 삼고 향신료 무역을 독점했으며, 기독교 전파를 위한 기지로 만들었다. 이 무렵 명나라 정화(郑和)의 해양원정대가 말라카를 방문하였는데, 이때부터 중국계 이주민이 말라카로 유입하여 현지인과 결혼하면서 점차 중국과 말레이 문화가 융합된 페라나칸 문화를 조성하였다. 이후

1641년에는 네덜란드, 1824년에는 영국이 차례로 말라카를 정복해 식민지로 삼았다. 이러한 역사적 배경으로 인해 말라카는 동서양 문화가 융합되어 다양한 문화가 공존한 다문화 도시로 성장하였으며, 2008년에는 유네스코에 의해 세계 문화유산으로 지정되었다.[7]

60만 명의 인구규모를 보유하고 있는 말라카는 다양한 종족이 어우러져 공존하는 다문화도시이다. 60만 명이라는 총 인구 중 말레이인이 약 55%를 차지하고, 화인이 약 30%를 차지하며, 인도인이 8%, 기타 외국인 7%를 차지한다. 말라카 서쪽에는 해상 실크로드 중심지였던 말라카 해협이 자리 잡고 있다. 말라카 해협으로부터 다양한 문물이 수입, 전파되면서 말라카는 말레이시아 최고의 도시로 성장하는 동시에 다양한 유물과 유적이 남아있는 역사의 도시이기도 하다.[8]

말라카라는 이름은 1396년 인도네시아 수마트라를 탈출한 빠라메스와라(Parameswara)라는 왕자에 의해 명명된 것으로 알려졌다. 말라카는 17세기에 네덜란드에 의해 점령당해 그 곳에 동인도회사가 설립되었다. 네덜란드는 이를 이용해 말라카를 중심으로 말레이 반도에서 무역활동을 전개하였다. 네덜란드는 배타적인 성향을 가지고 단독으로 말라카를 지배하고자 했지만, 동인도회사를 경영하고 이윤 추구를 위해 200년이라는 긴 시간 동안 말레이반도와 긴밀한 상호관계를 구축할 수밖에 없었다. 18세기에 이르러 영국이 말레이 반도에 진출했을 때, 아랍인의 규모는 작았지만, 이미 말레이 반도의 정치, 행정, 종교 등 측면에서 큰 영향력을 행사하고 있었다. 이로 인해 영국은 상업적으로는 아랍과 협조하는 자세를 취하였지만, 영국을 위협할 가능성이 있는 존재로서 아랍을 경계하였다. 다른 한편, 네덜란드는 19세기 말부터 자국의 식민지를 경제적으로 개방하고,

7 https://100.daum.net/encyclopedia/view/87XX41100272(검색일: 2020.10.07.)

8 홍석준(2006), "다문화사회로서의 항구도시: 말레이시아 멀라까에서의 외래문화의 수용", 『국제지역연구』 제10권 제2호, p. 675.

**사진 4.17** 말라카의 지리적 위치

화인들과 아랍인을 유럽인과 원주민 사이의 중개인으로 받아들였다. 그러나 영국은 대량의 아랍계 이민을 받아들이는 것에 경계심을 늦추지 않았으며, 네덜란드 식민지 내에 거주하고 있던 아랍인들도 식민지 내의 이동이나 거주 지역을 엄격하게 제한받았다.[9] 요컨대 식민지 지배를 받았던 말라이 반도에서 아랍인 유입은 영국의 경계로 인해 제한 받았으나, 화인들의 이주 및 정착은 상대적으로 안정적이었다.

말레이 반도의 작은 어촌이었던 말라카는 독특한 역사적 경험과 고유한 문화적 요인으로 급속한 변화를 겪었다. 항구도시로서의 말라카는 말라카 해협을 왕래하던 아랍인, 인도인 상인들과 교역을 통해 새로운 문물

9 홍석준(2006), p. 678.

을 받아들여 자신의 문화적 환경에 맞게 변조시키면서 자생적인 문화를 창출하였다. 말라카 해협은 기존부터 사람들이 바닷길을 이용하여 이동하고 교류하면서 교통, 물자, 화폐, 종교 등이 하나가 된 해상 네트워크를 형성한 지역이다. 말라카는 다양한 문화가 상호 연결되는 중개지역으로 널리 알려져 왔다. 중국계 이주민 화인의 문화와 말레이 문화, 또 하나의 이주민 집단 인도인의 문화, 그리고 포르투갈과 네덜란드의 문화적 영향으로 말레이시아는 최대의 역사 · 문화적 보물창고이기도 하다.[10]

### 2) 말라카의 종교 모자이크와 화인 사원 청운정(青云亭)

말라카는 1511년 포르투갈의 침략으로 식민지가 되어 그 후 약 300년 간 서구 열강의 식민지 지배를 경험하게 된다. 포르투갈과 네덜란드에 이어 영국의 식민 지배를 받은 말라카는 점차 다문화사회로 변모하게 된다. 중국 복건성, 광동성을 비롯한 남부 지역에서 중국계 이주민들이 말라카로 유입해 화인으로의 신분전환을 통해 현지 정착에 성공하였다. 다른 한편, 인도 남부의 타밀나두(Tamil Nadu) 지역에서 말라카로 이주해 온 타밀인(the Tamil) 역시 현지 문화에 적응하면서도 자신만의 독특한 문화적 전통을 계승, 발전시켜왔다.[11] 다종족 · 다언어 · 다문화 국가 말레이시아에서 말라카는 다양한 문화와 종교가 공존하는 대표적 항구도시이다.

다양한 출신 배경을 지닌 사람들이 이를 통합하는 질서를 구축하기 위해 자신의 정치적 권력과 경제적 부를 동원하는 경향이 있다. 말라카와 말라카 해협을 중심으로 형성된 동남아시아의 해역세계에서 이슬람의 융성이 그 전형적인 사례이다. 인도양을 거쳐 말라카 해협을 왕래하던 무슬

---

**10** 홍석준(2006), p. 679.

**11** 홍석준(2006), p. 679.

**사진 4.18** 말라카 화인 사원 청운정(青云亭)
출처: 저자 촬영

림 상인들과 현지 지배자 사이에서 13세기 말에 이르러 이슬람이 수용되기 시작했다는 기록이 있다. 아랍과 인도의 항구도시로부터 말라카 해협에 이르는 항로에서 이루어진 원격지 교육에 종사했던 상인들 사이에 이슬람법에 의거한 상업활동의 인증과 사업 관련 계약문서의 관습을 공용하는 것은 상업 활동을 발전시키는 데 크게 기여하였다.[12]

현재의 말라카는 말레이인들의 이슬람, 화인들의 불교 · 도교 · 기독교, 타밀인들의 힌두교 등 다양한 종교의 총 집합지이다. 다양한 종교가 서로 충돌하면서 대립, 조화로운 관계를 형성하는 과정에서 독특한 말라카 문화가 형성되었다.

말라카에서 차이나타운이라고 불리는 화인 집거지 중심에는 "조화의 거리(harmony street)"가 조성되어 있다. "조화의 거리"에는 화인의 불교 사원, 이슬람 사원과 힌두 사원이 한 곳에 자리 잡고 있다. 이는 각 종족 집단

12 홍석준(2006), p. 680.

**사진 4.19** 청운정(青云亭) 내부 사진
출처: https://baike.baidu.com/item/%E9%9D%92%E4%BA%91%E4%BA%AD/6596451?fr=aladdin(검색일: 2020.10.08.)

이 조화와 균형을 이루어 말라카라는 도시가 조성되었음을 보여주는 대표적 사례이다. "조화의 거리"는 이질적인 문화적 요소들이 종족 집단 간 상호작용을 통해 어떻게 자신의 정체성을 변화시키는지를 나타내는 문화적 상징이라 할 수 있다.[13] 다음은 '조화의 거리'에 조성된 화인 사원, 이슬람 사원, 힌두 사원을 구체적으로 살펴보고자 한다.

말라카 차이나타운에서 가장 대표적인 화인 사원은 청운정(青云亭, Cheng Hoon Teng Temple)이다. 청운정은 1673년에 건축되었으며, 기존에는 관음정(观音亭)으로 불렸다. 청운정은 말레이시아에서 가장 오래된 화인 사원 중의 하나로서 300여 년 동안 6번의 수선과 3번의 확충이 있었다. 청운정 내부의 다양한 비문, 간판, 대련(楹联) 및 화인 선조 위패 등은 말레이시아 화인사회를 연구함에 있어서 중요한 역사자료이다. 화인 사원은 화인사회에서 중요한 역할을 담당해왔다. 사원은 현지 화인들의 신앙 중심지인 동시에 전통 문화 행사를 개최하는 중요한 장소이기도 하다. 심지어

13 홍석준(2006), p. 681.

**사진 4.20** 청운정(青云亭) 내부 사진

출처: https://baike.baidu.com/item/%E9%9D%92%E4%BA%91%E4%BA%AD/6596451?fr=aladdin(검색일: 2020.10.08.)

특수한 역사시기에는 사원이 관청 역할을 담당하기도 하였다.

해상 실크로드로 인해 유명해진 말라카는 다양한 문화유산이 남아있는 역사도시이다. 다양한 문화가 공존하는 말라카에는 해마다 대규모의 관광객이 방문하는데, 관광산업은 이미 현지 중요한 산업으로 발전하였다. 청운정은 말레이시아에서도 가장 오랜 역사를 자랑하는 화인 사원으로 관광객의 발길이 끊이지 않는다. 사원 건축 당시 모든 건축자재와 기술자가 중국으로부터 유입되었다고 전해졌다.

관련 기록에 의하면, 중국계 이주민이 바다를 건너 우여곡절 끝에 말라카에 도착한 후 그들은 신의 가호가 있었다고 믿었다. 신에 대한 고마움을 전하기 위해 화인들은 사원을 건축했으며, 사원 내부에서 화인들이 서로 의지할 수 있는 화인조직을 설립하기도 하였다. 현지 화인에게 있어서 청운정은 단순한 사원이 아니라, 현지 화인사회의 신앙중심지이자 다양한 전통 문화 행사 및 행정업무가 진행되는 장소이기도 하다.

청운정의 처마에는 중국 신화에 나오는 다양한 형상들이 조각되어 있다. 청운정을 방문한 참배객들은 종이돈과 향을 태우기도 한다. 사원 중심부에는 대웅전이 설치되어 있으며, 부처를 비롯하여 관우, 보살 등 민간신

**사진 4.21** 청운정(青云亭) 내부 사진
출처: 저자 촬영

앙의 특성을 나타내는 다양한 신들이 혼합되어 있다. 불교와 도교가 혼합된 이러한 건축양식을 통해 화인사회의 종교적 특성을 엿볼 수 있다.[14]

말라카에서 가장 오래된 이슬람 사원 깜뽕끌링사원(Masjid Kampung Kling)은 바로 청운정 인근에 위치해 있다. 깜뽕은 말레이어로 마을을 뜻하고, 끌링은 원래 말레이시아에 이주해 온 인도계 무슬림을 칭하는 말이었는데, 나중에 초기 이슬람신자를 통칭하는 용어로 변화되었다. 사원의 중앙에는 신도들이 예배 전에 손과 발, 그리고 몸의 일부를 씻는 분수대가 놓여있는데, 이는 정기의례의 장소이다. 첨탑은 알라에게 자신의 소원이 좀 더 잘 전달될 수 있도록 하기 위한 무슬림들의 소망을 상징하듯이 하늘을 행해 높게 치솟아 있다. 이는 이슬람의 권위를 상징하며, 동시에 종교적으로 알라에 대한 무슬림들의 믿음을 반영한다.[15]

깜뽕끌링사원 바로 왼쪽 편에는 힌두사원이 자리 잡고 있다. 힌두사원은 초기에 말라카로 이주해 온 인도인들이 자신의 종교적 의례와 관행

14 홍석준(2006), p. 681.

15 홍석준(2006), p. 681.

을 보전하기 위해 건축된 것이다. 참배객들은 거의 매일 이 곳에서 향을 피우고 시바신을 비롯한 힌두교의 여러 신들에게 자신의 소망을 빈다.

**사진 4.22** 말라카 이슬람 사원 깜뽕끌링사원
출처: 저자 촬영

**사진 4.23** 말라카 힌두사원
출처: 저자 촬영

"조화의 거리"에는 이와 같이 화인 사원, 이슬람 사원, 힌두 사원이 공존하고 있다. 이는 다양한 종족정체성을 지닌 말라카의 종족 구성과 문화적 특성을 설명한다. 말라카는 초기부터 이주민들의 다양한 문화적 요소가 수용되고 통합되는 역사적 경험을 통해 다양한 문화가 공존하는 다채로운 특성을 지니게 되었다. 말라카는 바바뇨냐(babanyonya)를 비롯한 화인 문화 이외에도 현지에 정착한 인도인들을 통칭하는 씨띠(chitty) 문화, 이슬람으로 대표되는 말레이 문화, 그리고 유럽 식민지 경험에서 배태된 유럽의 문화적 전통이 어우러져 문화적 혼종성을 나타내는 말레이시아 대표적인 역사문화 도시이다. 말라카 해협을 중심으로 중국과 인도, 유럽으로부터 문화와 문물을 수입하는 항구도시로서 말라카는 말레이시아에서 오랜 역사적 경험을 통해 가장 성공적으로 문화적 조화와 통합을 이루어낸 도시라고 할 수 있다.

### 3) 존커거리(鸡场街)

중국어로 지창제(鸡场街)라고 불리는 존커거리는 말라카 차이나타운의 중심거리이다. 2008년에 세계문화유산으로 지정된 존커거리는 현재 해마다 2,000만 명의 관광객이 방문하는 유명한 관광지로 부상하였다. 중국어로 지창제라는 존커거리의 이름은 중국 방언 민남어(闽南语) "제창제(街场街)"에서 유래된 이름으로서, 번화한 거리를 의미한다. 민남어에서 "제창(街场)"과 "지창(鸡场)"은 발음이 같기에 점차 "지창제"로 변모되었다.

존커거리가 세계문화유산으로 지정되고, 현재의 유명한 관광지로 발전할 수 있었던 것은 그 역사적 배경에서 기인한다. 600여 년 전, 명나라의 정화가 7차례에 걸쳐 해양원정을 진행했을 당시 6번을 말라카를 경유했으며, 존커거리를 중심으로 정착했었다. 따라서 존커거리를 중심으로 말라카는 중국계 이주민이 말레이시아로 이주하는 최초의 정착지이자 밀집거주지역으로 성장하였다. 그러나 1990년대에 이르러 차이나타운에 정착하던 화인이 점차 다른 지역으로 이주하자, 존커거리는 점차 몰락하였다. 위기에 직면한 존커거리를 회복시키기 위해 말라카 주정부는 야시

**사진 4.24** 말라카 존커거리(鸡场街)
출처: 저자 촬영

**사진 4.25** 존커거리(鸡场街) 공원
출처: 저자 촬영

**사진 4.26** 존커거리 야시장

장을 개설하고, 현지 음식 · 특산품을 전시 · 홍보하며, 나아가 화인의 전통 명절에 축제를 개최함으로써 사자춤(舞狮), 용춤(舞龙) 등 전통 행사를 선보이는 등 다양한 노력을 기울였다. 십여 년의 노력 하에 현재 존커거리는 화인의 전통문화를 경험할 수 있는 유명 관광지로 발전하였다.

존커거리는 말라카 차이나타운의 중심이 되는 거리로 식민지 시대에 지어진 중국풍 숍 하우스(Shop House)들이 밀집되어 있다. 숍 하우스는 폭

**사진 4.27** 존커거리(鸡场街)

**사진 4.28** 존커거리 화인 축제

이 좁고 길이가 긴 2층 집을 말하는데 보통 지상층을 상가로 쓰고 1층을 거주지로 썼다. 존커거리 서쪽에는 바바뇨냐박물관이 있는 잘란 툰 탄 청 록(Tun Tan Cheng Lock), 동쪽에는 쳉훈텡 사원과 힌두 사원이 있는 잘란 투캉 에마스(Jalan Tukang Emas)가 있다.

### 4) 말라카 바바뇨냐박물관(峇峇娘惹祖屋博物馆)

말레이시아에서 문화적 혼종성을 가장 잘 보여주는 사례 중의 하나가 바로 페라나칸(peranakan)이라고 불리는 독특한 민족집단이다. 그들은 중국계 이주민 화인과 말레이인의 문화적 요소들이 적절하게 결합되어 형성된 문화를 지니고 있다.

페라나칸의 역사는 12세기까지 거슬러 올라갈 수 있다. 복건성(福建省)을 비롯한 중국 남부 지역의 상인들이 동남아로 유입되면서 현지인과의 교류가 활성화되었으며, 현지 말레이인 여성과 통혼이 이루어지면서 점차 페라나칸이 형성되었다. 말레이시아 페라나칸의 역사는 13세기부터 시작되었으며, 19세기에 이르러 기반을 확고히 다져 그들만의 공동체를 형성하였다. 페라나칸 중 남성은 바바(baba, 峇峇), 여성은 뇨냐(Nyonya, 娘惹)라고

**사진 4.29** 말라카 바바뇨냐박물관
출처: 저자 촬영

불린다. 말라카 차이나타운에는 바바뇨냐박물관이 조성되어 있다. 연구팀은 말레이시아 화인의 역사를 검토하고자 직접 바바뇨냐박물관을 탐방하였다.

말라카 바바뇨냐박물관은 19세기 후반 말라카 부호이자 페라나칸이었던 정칭슈(曾清秀, Chan Cheng Siew)의 저택을 박물관으로 개조한 것이다.

**사진 4.30** 바바뇨냐박물관: 면회실
출처: 峇峇娘惹祖屋博物馆. babanyonyamuseum.com(검색일: 2020.10.17.)

**사진 4.31** 바바뇨냐박물관: 침실
출처: 峇峇娘惹祖屋博物馆. babanyonyamuseum.com(검색일: 2020.10.17.)

**사진 4.32** 바바뇨냐박물관: 사당
출처: 峇峇娘惹祖屋博物馆. babanyonyamuseum.com(검색일: 2020.10.17.)

**사진 4.33** 바바뇨냐박물관: 주방
출처: 峇峇娘惹祖屋博物馆. babanyonyamuseum.com(검색일: 2020.10.17.)

**사진 4.34** 바바뇨냐박물관: 신랑 신부 의상
출처: 峇峇娘惹祖屋博物馆. babanyonyamuseum.com(검색일: 2020.10.17.)

1861년부터 이미 4대의 정씨 가문이 이 저택에서 생활했다. 1985년 저택은 박물관으로 개조되었으며, 과거 중국과 말레이 문화가 섞여 만들어진

**사진 4.35** 바바뇨냐박물관: 뇨냐의 전통의상
출처: 峇峇娘惹祖屋博物馆. babanyonyamuseum.com(검색일: 2020.10.17.)

가구, 복장, 장신구, 신발 등 독특한 페라나칸 문화를 소개하고 있다. 박물관 관람은 중국어, 영어, 일본어 등의 가이드 투어로만 진행된다.

### 5) 선무위서예문물관(沈慕羽书法文物馆)

말라카 차이나타운 주변에는 말레이시아 화인사회의 리더이자 유명한 교육가인 선무위(沈慕羽, 1913-2009)의 서예문물관이 조성되어있다. 연구팀은 말라카 화인사회 실태, 화인의 민족교육 발전 역사를 탐구하기 위해 선문위서예문물관을 방문하였다.

선무위(沈慕羽)는 말라카에서 태어난 화인으로, 본적은 중국 푸젠성 진장(晉江)이며, 말라카페이벙중학교(馬六甲培風中學)를 졸업하였다. 그는 말레이시아의 유명한 교육가이자 화문교육 종사자이며, 서예가이다. 선무위는 말라카에서 27년 간 교장으로 재직하였으며, 29년 동안 말레이시아화문학교교사회총회(馬來西亞華校教師會總會) 회장을 담당하였다. 말레이시아 화인의 민족교육을 위해 평생 헌신한 선무위는 화인사회에서 "민족영웅(族英)"으로 불린다.

**사진 4.36**. 말라카 선무위서예문물관(沈慕羽书法文物馆)
출처: 저자 촬영

**사진 4.37** 서문위서예문물관 내부사진
출처: 저자 촬영

**사진 4.38** 서문위서예문물관 내부사진
출처: 저자 촬영

## 3. 페낭 차이나타운

### 1) 화인의 도시: 페낭

페낭은 말레이반도의 북서해안과 최소너비가 4km인 해협을 사이에 두고 떨어져 있다. 화강암으로 형성된 이 섬은 대략 타원형으로 내륙에는 산지가 많고, 해안에는 좁다란 해안평야가 있다. 오랫동안 아시아에서 가장 분주한 선박 중심지에 속했던 이곳은 20세기 후반에 말레이시아의 주요 관광 중심지가 되었다. 호화로운 관광 호텔들은 대부분 북해안의 바투페링기에 자리잡고 있다.[16]

말라카 해협 북부에 자리잡은 이 섬의 전략적 중요성에 주목한 영국 동인도회사의 프랜시스 라이트 선장은 1786년 이곳에 영국 식민지를 설립했다. 1791년 케다 술탄과 맺은 조약으로 영국의 점령은 합법화되었고,

16 https://100.daum.net/encyclopedia/view/b24p0941a(검색일: 2020.10.19.)

**사진 4.39** 말레이시아 페낭 위치

1800년에는 여기에 인근의 본토가 추가되었다. 1826년 페낭은 말라카 및 싱가포르와 합병되어 해협식민지가 되었다. 1867년 이후까지 프린스오브웨일스 섬이라 불리던 이곳이 인도-중국 항로를 운항하는 선박들의 기항지로 번성하면서, 중국인 · 인도인 · 수마트라인 · 미얀마인들이 몰려

**사진 4.40** 페낭 차오저우회관(潮州会馆)
출처: 저자 촬영

**사진 4.41** 페낭 차오저우회관(潮州会馆) 내부사진
출처: 저자 촬영

들기 시작했고 말레이시아 서부에서 가장 중요한 무역항이 되었다.[17]

19세기 중반부터 페낭은 유통 중심지이며, 본토에서 생산되는 주석과 고무의 교역장소가 되었다. 시골지역은 여전히 말레이시아의 전통을 간직

**사진 4.42** 페낭 복덕사(福德祠)
출처: 저자 촬영

---

**17** https://100.daum.net/encyclopedia/view/b24p0941a(검색일: 2020.10.19.)

**사진 4.43** 페낭 엽씨종친회(叶氏宗祠)
출처: 저자 촬영

하고 있지만 도심지역과 항구지역에서는 말레이시아의 영향과 전통, 경제 생활이 거의 사라지고 주민의 대부분을 차지하는 화인들이 유럽의 생활양식과 경제생활을 누리고 있다. 1948년 이 섬은 말레이시아의 일부가 되었다.[18]

## 2) 페낭 화인

한때 동서 바닷길 교역의 중심으로 동양의 진주라 불린 페낭, 페낭은

---

**18** https://100.daum.net/encyclopedia/view/b24p0941a(검색일: 2020.10.19.)

말레이시아에서 화인이 가장 많이 거주하고 있는 도시이다. 페낭 조지 타운에는 식민지풍 건물과 중국풍 건물이 잘 보존되어 2008년 유네스코에 의해 도시 전체가 세계 문화유산으로 등재되기도 했다.

2017년 기준 페낭에 거주하고 있는 화인 규모는 694,200명으로, 페낭 전체 인구의 39.75%를 차지한다.[19] 페낭에 거주하고 있는 화인은 중국의 푸젠성(福建省) 즉 민남(闽南) 출신이 가장 많으며, 40대 이상 화인은 대부분 푸젠성의 방언 민남어를 사용하고 있다. 페낭 거주 화인은 능통하게 중국어를 구사하고 있을 뿐만 아니라, 화인의 전통문화와 민족정체성을 그대로 유지하고 있다. 페낭 곳곳에는 중국어 간판을 볼 수 있으며, 화인 사원과 화인단체를 쉽게 찾아볼 수 있다.

연구팀이 페낭을 방문했을 당시 현지에서는 화인의 전통명절 원소절(元宵节) 축제를 개최하고 있었다. 원소절은 중국의 전통명절 중 하나로서,

**사진 4.44** 말레이시아 페낭의 화인 원소절(元宵节) 축제
출처: 저자 촬영

19 https://zh.wikipedia.org/wiki/%E6%A7%9F%E5%9F%8E%E5%8D%8E%E4%BA%BA (검색일: 2020.10.19.)

**사진 4.45** 페낭 원소절(元宵节) 사자춤
출처: 저자 촬영

**사진 4.46** 페낭 원소절(元宵节) 등롱 축제
출처: 저자 촬영

음력 1월 15일 한국의 정월 대보름과 비슷한 명절이다. 중국 국내에서는 원소절에 탕웬(汤圆)을 먹고, 밤에는 비단실로 꾸민 형형색색의 등롱(灯笼)을 달아놓고 구경하는 것이 전통이다. 말레이시아 화인은 모국의 전통명절을 그대로 유지하고 있으며, 원소절 기간 축제를 개최하고 사자춤, 용춤을 통해 화인 문화를 홍보하는 동시에 곳곳에 등롱을 장식해 명절의 분위기를 더하고 있다.

### 3) 페낭화인대회당(槟州华人大会堂)

페낭은 화인이 밀집거주하고 있는 지역인 만큼 다양한 화인단체가 조성되어 있다. 화인단체는 말레이시아 화인이 현지 거주국에서 새로운 삶의 터전을 개척하는 정착기제 중의 하나이며, 동시에 말레이시아 화인사회의 중요한 구성부분 중의 하나이다.

말레이시아 화인집거지인 페낭에서는 현지에서 가장 대표적인 화인단체 페낭화인대회당(槟州华人大会堂)을 방문하여 자료를 수집하였다. 페낭화인대회당의 전신은 핑장회관(平章会馆)으로 19세기말에 설립되었다. 핑장회관은 영국 식민주의시기 화인들의 갈등과 모순을 해결하기 위해 설립되었다. 1974년 핑장회관은 페낭화인대회당으로 단체이름을 변경하였으며, 1983년 페낭화인대회당 10층 건물이 착공되었다. 2016년 기준 페낭화인대회당에는 520개의 단체회원과 48,978명의 개인회원이 활동하고 있다.[20]

**사진 4.47** 페낭화인대회당(槟州华人大会堂)
출처: 저자 촬영

**20** 槟州华人大会堂. https://www.pcth.org.my/index.php/about/introduction(검색일: 2020.12.30.)

**사진 4.48** 페낭화인대회당 내부 사진
출처: 저자 촬영

페낭화인대회당은 페낭에 거주하고 있는 화인의 사회복지를 추진하고, 화인의 친목을 도모하며, 화인들의 갈등과 모순을 해결하기 위해 설립한 화인단체이다. 또한 화인의 경제발전을 추진하고, 말레이시아 국민으로서의 국민인식을 강화하는 동시에 다양한 봉사활동에 참여함으로써 화인과 기타 종족의 조화로운 종족관계를 발전시키는 것이 페낭화인대회당의 주요한 목표이다.

# V

## 말레이시아의 화문교육(华文教育)*

* 제5장 "말레이시아의 화문교육"은 김혜련(2017), "말레이시아 화인 디아스포라의 민족교육 실태 연구", 『인문사회 21』 8권 3호, pp. 1035-1056를 인용함.

중국 역사에서 배출한 화인 디아스포라의 말레이시아 이주는 오랜 역사를 가지고 있다. 진시황이 서복(徐福)을 파견한 기록에서부터 반고(班固)의 『한서(汉书)』에 이르기까지, 또한 『삼국지(三国志)』, 『양서(梁书)』 등에는 모두 중국계 이주민의 동남아 진출 관련 기록이 있다.[1] 화인이 말레이시아로 본격적으로 진출한 것은 19세기 식민지시대이며, 대규모 중국계 이주민이 계약화공(契约华工)의 신분으로 현지에 유입되어 광산, 농장에서 노동자로 일하면서 정착하기 시작하였다.

오랜 현지적응 과정을 거쳐 디아스포라(diaspora) 집단으로서의 말레이시아 화인은 활발한 경제활동을 기반으로 그들만의 민족집거지(ethnic enclaves)를 형성하고 있을 뿐만 아니라, 민족언어와 전통문화를 유지하고 있는 동시에 응집력 강한 민족공동체를 구축하고 있다. 말레이시아 화인이 현지사회에 동화되지 않고, 여전히 민족정체성을 유지하고 전통문화를 계승할 수 있는 것은 체계적인 민족교육이 이루어졌기 때문이다.

말레이시아 화인의 민족교육은 현지에서 흔히 화문교육(华文教育)[2]으로 지칭된다. 화문교육은 말레이시아 현지 화인이 자발적으로 실시하는 민족교육으로, 화문(华文) 즉 중국어를 주요한 교육용어로 사용하는 것을 의미한다. 말레이시아는 동남아시아에서 화문교육이 가장 발달한 지역으로, 중국대륙 · 대만 · 홍콩 · 마카오 이외 지역에서 가장 체계적이고 완전한 화문교육 시스템을 구축한 국가이다.

말레이시아 화문교육은 1819년 페낭(Penang)에서 오복서원(五福书院)이 설립되면서부터 시작되어 현재까지 약 200년의 역사를 가지고 있다. 말레이시아의 화문교육은 초등학교부터 중학교, 대학교까지 체계적인 교육시스템을 이루고 있다. 현재 말레이시아에는 1,298개의 화문초등학교(华文小

---

1 홍재현(2008a), "말레이시아 화교의 특성", 『중국인문과학』 제38집, pp. 427-444.

2 말레이시아 현지 화인사회에서는 그들의 민족언어 즉 중국어를 화문(华文)으로 지칭하고 있다.

学)와 62개의 화문독립중학교(华文独立中学), 81개의 국민형중학교(国民型中学), 3개의 사립화문대학교가 설립되어 있으며, 학생규모는 70만 명에 이른다.

민족교육은 소수민족집단 구성원이 주류사회에 동화되지 않고, 그들만의 민족 · 문화적 특성을 보존 · 유지하는 교육을 의미한다[3]. 디아스포라 집단으로서의 말레이시아 화인이 고유의 문화적 특성과 정체성을 상실하지 않고, 말레이시이아 제2의 종족집단으로 성장해 주류사회에 진출할 수 있었던 원동력은 그들만의 체계적인 민족교육이 있었기 때문이다. 언어와 문화는 한 종족이 존속하고 정체성을 확립하는 핵심요인으로, 민족언어와 전통문화를 유지하고 계승하기 위해서는 적극적인 민족교육을 필요로 한다.

이러한 맥락에서 제5장에서는 현지조사와 심층면접을 중심으로 디아스포라의 민족교육에 초점을 맞추어 말레이시아 화인 디아스포라의 민족교육 실태 및 운영과정에서 나타나는 문제점을 세부적으로 검토하고자 한다. 구체적으로 화인 디아스포라의 초등학교, 중학교, 대학교 교육 실태를 체계적으로 분석하고, 나아가 이러한 민족교육에 영향을 미치는 요인을 파악하고자 한다.

## 1. 디아스포라의 민족교육

세계화와 함께 이주의 시대가 도래되자 디아스포라 공동체의 규모와 조직이 증가하고 지리적 범위가 확장됨으로써 그들의 정치 · 경제 · 사

3 황기우(2004), "중국 조선족의 민족교육 실태 분석", 『교육문제연구』 제24집, pp. 95-118.

회적 존재가 가시화되고 영향력도 증대되었다.[4] 분산된 민족이라는 의미를 내포하는 디아스포라는 다양한 특징을 가지고 있다. 예컨대 모국을 떠나 해외에 분산된 이산성, 모국에 대한 집합적 기억을 간직하는 모국신화, 현지 거주국사회에 융합되지 못하는 거리감과 소외감, 언젠가는 모국으로 돌아갈려는 귀환 의식, 다양한 방식으로 모국과 관계를 유지하는 상호작용 등이다.[5] 또한 디아스포라집단은 모국에 대한 집합적 기억과 신화를 기반으로 그들만의 언어, 문화, 정체성을 유지하고 계승하려는 의지를 가지고 있다. 나아가 디아스포라의 존속여부는 그들만의 문화적 특성, 인종적 · 민족적 정체성을 유지하며 모국 및 기타 지역의 동족 공동체와 접촉 및 교류를 시도하는 구성원들의 소망에 달려있다.[6]

문화는 단기간에 형성되지 않지만, 이미 형성된 문화는 쉽게 단절되거나 사라지지 않는다. 디아스포라의 민족언어와 전통문화도 마찬가지이다. 언어와 문화에 대한 보존과 전승은 디아스포라 집단의 정체성을 확립하는 결정적인 요인이다. 디아스포라 집단의 언어와 문화, 정체성을 유지하고 계승하기 위해서는 문화의 자연 지속에 의존하기보다 적극적이고 의도적인 민족교육이 필요하다.[7]

그린펄드(Greenfeld)가 지적했듯이 한 민족은 다른 민족과 서로 다른 특별한 민족정체성을 간직하고 있으며, 민족구성원이 주관적으로 이러한 민족의식, 정체성을 표출할 경우 민족공동체는 더욱 강한 응집력을 나타낸다.[8] 민족정체성을 유지하고 응집력을 강화하기 위해서는 구성원을 대상

---

4 Gabriel Sheffer 저. 장원석 역(2008), 『디아스포라의 정치학』, 제주: 온누리.

5 임채완 · 전형권(2006), 『재외한인과 글로벌 네트워크』, 서울: 한울아카데미, pp.28-29.

6 Gabriel Sheffer 저. 장원석 역(2008), 『디아스포라의 정치학』, 제주: 온누리.

7 김해영 · 김유리 · 양진건(2010), "연변 조선족 자치주 민족문화 교육의 활성화를 위한 디지털 스토리텔링 적용", 『디지털스토리텔링연구』 제5호, pp. 261-289.

8 김경근 · 고형일 · 황기우(2004), "재외한인 민족교육에 대한 평가". 『한국교육학연구』 제10권 제2호, pp. 109-134.

으로 한 교육을 필요로 한다. 민족교육(ethnic education)이 바로 문화적 민족을 유지하고 발전시키는 교육이다. 다시 말해 민족교육은 소수 에스닉 집단이 주류사회에 완전히 매몰되거나 동화되지 않고 그들만의 민족적 · 문화적 특성을 유지하도록 가르치는 것을 의미한다. 민족교육은 한 국가 내에서 다양한 에스닉 집단이 상호 존중하고, 공존 공생하는 것을 지향한다.[9] 화인 디아스포라에게 있어서 민족교육의 목적은 민족언어, 전통문화 전승을 통해 화인으로서의 정체성을 고양하는 것이다.

말레이시아는 동남아 지역에서 대표적인 다종족 · 다종교 · 다문화 국가이다. 그러나 말레이시아 정부는 국내 다양한 종족을 부미푸트라(Bu-miputra)와 비부미푸트라(Non-bumiputra)로 구분하여, 부미푸트라를 우대하는 일련의 경제정책을 추진해왔을 뿐만 아니라, 문화 · 교육정책을 추진하는 과정에서도 말레이인의 문화와 이슬람 문명을 위주로 하는 정책을 추진해왔다. 비부미푸트라로 구분되는 화인은 이에 위기의식을 느끼고 민족정체성을 유지하고 전통문화를 계승하기 위해 적극적인 민족교육을 추진하기 시작하였다. 이러한 배경 하에 이 연구는 현지조사와 심층면접을 중심으로 말레이시아 화인의 민족교육 실태를 심층적으로 검토하고, 이러한 민족교육의 영향요인을 파악하고자 한다.

## 2. 말레이시아 화문교육 현황

화인 디아스포라의 민족교육은 현지에서 화문교육으로 지칭되며, 초등학교 교육은 1,298개의 화문초등학교가 담당하고 있다. 중학교와 고등학교 교육은 62개의 독립중학교와 81개의 국민형중학교에서 담당하고

---

9 황기우(2004), "중국 조선족의 민족교육 실태 분석", 『교육문제연구』 제24집, pp. 95-118.

있으며, 대학교 교육은 남방대학학원, 신기원대학학원, 한장미디어대학학원에서 담당하고 있다. 이 외에 현재 153개의 국민초등학교에서 화문교과목을 개설해 화문을 가르치고 있고, 16개의 사범대학교에 중국어 교사를 양성하는 교과목을 개설하고 있으며, 말레야대학교 · 국립푸트라대학교 · 국민대학교 등에는 중국어학과가 설립되어 있다.[10] 다음은 말레이시아 화문초등학교, 화문중학교, 화문대학교를 세부적으로 검토해 화인의 민족교육 실태를 분석하고자 한다.

**표 5.1** 2019년 말레이시아 인구 및 화문학교 분포 현황

| 구분 / 지역 | 화인 규모 (만명) | 화인 비율 | 화문 초등학교 규모 | 화문 초등학교 비율 | 독립 중학교 규모 | 독립 중학교 비율 | 국민형 중학교 규모 | 국민형 중학교 비율 |
|---|---|---|---|---|---|---|---|---|
| 말레이시아 | 669.57 | 100% | 1298 | 100% | 62 | 100% | 81 | 100% |
| 조호르 (Johore, 柔佛) | 110.37 | 16.48% | 216 | 16.64% | 10 | 16.13% | 3 | 3.70% |
| 커다 (Kedah, 吉打) | 25.9 | 3.87% | 90 | 6.93% | 3 | 4.84% | 4 | 4.94% |
| 클란탄 (Kelantan, 吉兰丹) | 5.68 | 0.85% | 15 | 1.16% | 1 | 1.61% | 2 | 2.47% |
| 말라카 (Malacca,马六甲) | 21.75 | 3.25% | 65 | 5.01% | 1 | 1.61% | 5 | 6.17% |
| 느그리슴빌란 (NegeriSembilan, 森美兰) | 22.96 | 3.43% | 82 | 6.32% | 2 | 3.23% | 4 | 4.94% |
| 파항 (Pahang, 彭亨) | 23.26 | 3.47% | 74 | 5.70% | 0 | 0% | 7 | 8.64% |
| 페낭 (Penang, 槟城) | 69.39 | 10.36% | 90 | 6.93% | 5 | 8.06% | 12 | 14.81% |

10 王焕芝 · 洪明(2011), “马来西亚华文教育政策的演变及未来发展”, 『附件师范大学学报』 2011年第4期, p. 192

| 구분<br>지역 | 화인 규모 (만명) | 화인 비율 | 화문 초등학교 규모 | 화문 초등학교 비율 | 독립 중학교 규모 | 독립 중학교 비율 | 국민형 중학교 규모 | 국민형 중학교 비율 |
|---|---|---|---|---|---|---|---|---|
| 페락 (Perak, 霹雳) | 69.21 | 10.34% | 185 | 14.25% | 9 | 14.52% | 17 | 20.99% |
| 페를리스 (Perlis, 玻璃市) | 1.88 | 0.28% | 10 | 0.77% | 0 | 0% | 1 | 1.23% |
| 슬랑오르 (Selangor, 雪兰莪) | 156.65 | 23.40% | 114 | 8.78% | 4 | 6.45% | 5 | 6.17% |
| 트렝가누 (Terengganu, 登嘉楼) | 2.86 | 0.43% | 10 | 0.77% | 0 | 0% | 1 | 1.23% |
| 사바 (Sabah, 沙巴) | 30.68 | 4.58% | 83 | 6.39% | 9 | 14.5%2 | 8 | 9.88% |
| 사라왁 (Sarawak, 砂拉越) | 62.45 | 9.33% | 220 | 16.95% | 14 | 22.58% | 10 | 12.35% |
| 쿠알라룸푸르 (Kuala Lumpur, 吉隆坡) | 65.37 | 9.76% | 42 | 3.24% | 4 | 6.45% | 2 | 2.47% |
| 라부안 (Labuan, 纳闽) | 0.95 | 0.14% | 2 | 0.15% | 0 | 0% | 0 | 0% |
| 부창 (Buchang, 布城) | 0.21 | 0.03% | 0 | 0% | 0 | 0% | 0 | 0% |

출처: 人口数据整(高建深, 2020: 8); 华小数据(教总官网, https://jiaozong.org.my搜索日期: 2020.9.5); 独中数据(董总官网, https://www.dongzong.my搜索日期: 2020.9.5); 华中数据(维基百科: https://zh.wikipedia.org/wiki搜索日期: 2020.9.5)

### 1) 화문초등학교

말레이시아 정부는 『1961년 교육법령(1961年教育法令)』을 제정해 교육 분야에서의 동화정책을 추진하기 시작하였다. 말레이시아 정부는 법령에 따라 모든 화문학교를 정부의 요구에 따라 개편할 것을 강요하였다. 따라서 말레이시아의 모든 화문초등학교는 정부 초등학교로 개편되었고, 대부분의 화문중학교는 국민형중학교로 변경되었다. 2019년 기준 말레이시아에는 총 1,298개의 화문초등학교가 운영되고 있다. 학생규모는 유치원 학생이 10,703명에 이르고, 초등학생이 598,488명에 이르러 총 609,191명이다. 화문초등학교의 학생 규모는 전체 말레이시아 초등학생 규모의 20.12%를 차지하며, 현재 37,068명의 교직원이 화문초등학교에서 근무하고 있다. 화문초등학교 졸업생 중 해마다 약 10%가 화문독립중학교에 입학하는 것으로 조사되었다.[11]

1960년대 이후 말레이시아 화문초등학교는 정부의 강요에 의해 개편되었다. 개편 이후 화문초등학교는 말레이시아 현지 국민초등학교와 같은 학제, 교과목, 관리 방식으로 운영되었다. 그러나 말레이시아 일반 국민초등학교와 달리, 화문초등학교는 중국어를 행정 및 교육 용어로 사용할 수 있다. 화문초등학교에서는 중국어, 수학, 과학, 체육, 도덕교육 5개 과목을 중국어 교재로 수업을 진행하고 있으며, 동시에 말레이어와 영어를 가르친다. 그러나 이러한 교과목의 내용과 시험문제는 반드시 교육부의 요구에 부합되어야 하며, 교육부 인증을 받은 후에야 인쇄되고 사용할 수 있다. 또한 2003년부터 정부는 "국민의 영어수준을 향상"시키기 위해 초등학교 1학년부터 수학과 과학 두 과목의 수업 용어를 영어로 가르칠 것을 요구하였다. 동시에 영어 수업 시간도 확대해 학생들의 영어수준을 향상시키고자 하였다. 따라서 화문초등학교는 말레이어, 영어, 화문 3중언어 교육을 병행하고 있지만, 화문교과목이 점차 축소되고 있는 상황이다.

화문초등학교는 말레이시아 화문교육의 뿌리로서 민족언어 · 문화교육시스템을 구축하는 기반이다. 화문초등학교가 없이는 화문교육을 이룰 수 없을 만큼 초등학교 교육은 화인 민족교육의 핵심이라고 할 수 있

11 刘世勇 · 武彦斌(2012), "马来西亚华文教育现状与发展策略", 『东南亚纵横』, 2012年第9期, pp. 38-43.

다. 말레이시아 전역에는 약 60만 명의 화인 초등학생이 있음에도 불구하고 말레이시아 정부는 여러 가지 차별정책으로 화문초등학교의 발전을 제한해왔다. 예컨대 1984년에는 모든 화문초등학교가 졸업식, 운동회, 단체 모임의 경우 반드시 말레이어를 사용하도록 강요하였고, 1987년에는 중국어를 구사하지 못하는 교직원을 화문초등학교에 파견하였으며, 2002년에는 "2-4-2" 방안을 제시해 화문초등학교 커리큘럼에 영어 2시간, 수학 4시간, 과학 2시간을 추가해 이러한 수업에서는 중국어가 아닌 영어로 수업을 진행하도록 강요하였다.[12] 말레이시아 정부는 일련의 조치를 통해 화문초등학교에 말레이어를 보급시킴으로써 민족교육을 약화시키고 있다.

비록 화문초등학교는 말레이시아 국가교육 체계에 편입되었지만 운영경비, 교직원 대우, 학교시설, 교재 개발 등 분야에서 여전히 차별대우를 받고 있다. 화문초등학교의 이러한 문제점은 인터뷰에서도 잘 나타났다.

참여자 1: 화문교육에서 초등학교의 역할이 굉장히 중요해요. 말레이시아 화인이 화문을 능통하게 구사하는 것은 초등학교에서 화문을 잘 가르쳤기 때문이죠. 하지만 초등학교가 편입(改制)된 이후에 많은 제한을 받고 있어요. 운영비도 그렇고, 교직원 문제도 그렇습니다. … 심각하다고 생각해요. 많은 초등학교가 운영 경비 부족으로 화인사회의 지원을 받고 있어요. 그리고 일반 국민초등학교와 비교할 때 화문초등학교는 교직원이 많이 부족해요. 정확한 통계는 아니지만, 화문초등학교의 교직원 규모가 국민초등학교의 1/4에 불과하다고 합니다.

화문초등학교는 정부의 강요에 의해 국가교육시스템에 편입되었지만, 정부 규제로 인해 화문 교과목이 축소되어 민족교육이 약화되고 있다. 또한

---

12 周聿峨, 胡春艳(2010), "浅析20世纪80年代以来'成就困境'中的马来西亚华文教育", 『南洋问题研究』 第142期, pp. 49-54.

정부에서 건축 및 발전 경비 지원을 제한하고 있어 학교 시설 증축, 규모 확대가 어려운 상황에 처해 있으며, 정부의 재정 지원이 원활하게 이루어지지 않아 화인사회의 경제적 지원으로 운영을 이어가고 있다. 아울러 2010년 기준 일반 국민초등학교 교직원 규모가 123,359명인데 비해, 화문초등학교 교직원은 28,102명에 불과해 교직원 충원이 절실한 것으로 나타났다.[13] 요컨대 화문초등학교는 민족교육 약화, 재정적 어려움, 교직원 부족 등 여러 가지 어려움에 직면하고 있다.

### 2) 화문중학교

『1961년 교육법령』으로 인해 말레이시아 화문중학교는 화문독립중학교(华文独立中学)와 국민형중학교(国民型中学)로 이분화되었다. 『1961년 교육법령』은 "국가의 단결을 위해 종족적 특색을 나타내는 중학교를 개편하여 모든 종족의 학생이 국민중학교 혹은 국민형중학교에서 교육을 받도록 한다"고 규정하였다.[14] 따라서 정부의 지원을 받고자 하는 화문중학교는 반드시 국민형중학교로 개편할 것을 강요받았다. 1961년 이전 말레이시아에는 총 70개의 화문중학교가 운영되었는데, 이러한 화문중학교는 모두 현지 화인사회가 자발적으로 설립한 민족학교로, 정부의 일부 지원을 받아 운영되었다. 그러나 『1961년 교육법령』이 실행된 이후, 54개의 화문중학교가 말레이어를 교육용어로 하는 국민형중학교로 개편되었고, 나머지 16개 화문중학교가 개편을 거부해 화문을 교육용어로 견지하는 화문독립중학교로 전환되었다.

---

**13** 周聿峨, 胡春艳(2010), pp. 49-54.

**14** 方颖(2008), "马来西亚华文独立中学的三语教学初探", 『暨南大学华文学院学报』, 2008年第4期, pp. 1-8.

### (1) 사립화문중학교: 화문독립중학교

1970년대 이후 말레이시아의 차별적 교육정책은 한층 더 강화되었다. 말레이시아 정부는 말레이어를 유일한 교육용어로 한 국민교육시스템을 구축하기 위해 기타 종족의 민족교육에 대한 규제를 강화하였다. 이에 대응하여 말레이시아 화인사회는 대규모 독립중학교 부흥 운동을 추진하기 시작하였다. 1973년 화인들은 『독립중학교건의서(独中建议书)』를 발표해 독립중학교의 취지와 핵심과제를 제시하였는데, 말레이시아 화문독립중학교는 3중언어교육을 실행하고, 화문을 주요한 교육용어로 사용하며, 중화문화를 유지하고 계승하는 것을 주요한 취지로 하다는 것이다.

말레이시아에서 화문독립중학교는 화인의 민족정체성을 유지하고, 전통문화를 계승하는 중요한 민족교육의 장이다. 2011년까지 말레이시아에는 62개의 독립중학교가 운영되고 있으며, 학생규모는 66,968명에 이른다.[15] 독립중학교는 6년제 중학교로 중학교 3년, 고등학교 3년 두 부분으로 구분된다. 일반적으로 화문독립중학교는 평균 매주 43시간의 수업을 진행하고 있는데 화문, 영어, 그리고 국어로 불리는 말레이어 외에 역사, 지리, 물리, 화학, 생물, 미술, 컴퓨터, 체육, 상업, 회계 등 10여 개의 과목을 개설하고 있다. 그 중에서 3중언어 강의시수가 전체 커리큘럼의 1/2을 차지한다. 말레이시아 화문독립중학교는 3중언어교육과 높은 교육수준으로 화인은 물론, 기타 종족의 학부모도 선호하고 있다.

화문독립중학교는 화인뿐 아니라, 말레이인을 비롯한 다양한 종족의 학생이 함께 어울리는 다문화 공간으로 발전하고 있다. 2011년 기준 독립중학교의 화인학생은 65,832명으로 전체 독립중학교 학생의 98.30%를 차지하고, 말레이학생이 262명으로 전체 규모의 0.39%를 차지하며, 인도인학생이 134명으로 전체 규모의 0.20%를 차지한다. 기타 종족 학생은

**15** 刘世勇 · 武彦斌(2012), p. 40.

740명으로 전체 학생의 1.11%를 차지한다.[16] 또한 화문독립중학교는 말레이시아 기타 종족 학생뿐 아니라, 외국인학생도 적극 영입하고 있다. 화문독립중학교는 수준 높은 교육과 중국 · 영어 · 말레이어 3중언어 교육으로 인해 외국인학생 사이에서도 인기가 높다.

연구자는 말레이시아에서도 대표적인 화문독립중학교 한쟝중학교와 준쿵독립중학교를 방문하여 운영실태를 조사하였다. 인터뷰에서도 나타나듯이 화문독립중학교는 3중언어교육과 높은 교육 수준으로 현지 화인은 물론 기타 종족, 나아가 외국인 학생의 환영을 받고 있다. 페낭에 위치해 있는 한쟝중학교의 경우, 학교이사회 린렌덩(林连登)이사장의 주도 하에 설립되었으며, 1950년 2월 2일에 정식으로 개강하였다. 설립 초기 학교는 교직원 17명과 재학생 300여 명에 불과했다. 그러나 60여 년의 발전 끝에 현재 한쟝중학교에는 교직원 113명과 1,800명의 학생이 재학 중이다.[17] 또한 재학생 중에는 외국국적학생이 315명에 이른다. 이러한 외국인 학생은 태국, 중국, 한국, 싱가포르를 비롯한 12개 국가에서 온 학생들이다. 한쟝중학교는 화인이 독립적으로 운영하는 사립학교로, 교내 모든 시설은 화인사회가 모금하여 설립한 것이다. 한쟝중학교는 페낭 지역에서도 질 높은 교육과 좋은 시설로 유명하다. 특히 2009년에는 페낭교육청의 인정을 받아 "5성급우수학교"로 선정되었다.

> 참여자 11: 저희 학교는 가장 오래된 독립중학교 중의 하나입니다. 자부심을 가지고 있어요. …(웃음)… 가장 큰 특징이라면 3중언어교육을 하고 있기 때문에 화인이나 외국인 학부모들이 선호하고 있어요. … 한국학생도 있어요. … 일반 중학교보다 교육수준이 높고 시설도 좋아서 인기가 있습니다. …

---

16 刘世勇 · 武彦斌(2012), p. 40.

17 韩江中学: http://www.hchs.edu.my/(검색일: 2017.05.16.)

화문독립중학교의 교직원 현황을 볼 때, 재직 중인 교사는 총 3,811 명인 것으로 나타났다. 그 중 정규직 교사는 3,531명으로 전체 규모의 92.65%를 차지하고, 겸임교사는 280명으로 전체 규모의 7.35%를 차지한다. 말레이시아 독립중학교의 교직원도 다양한 종족이 포함되어 있다. 독립중학교 교직원 중 화인이 3,374명으로 전체 규모의 88.53%를 차지하고 있고, 말레이인이 164명으로 전체 규모의 4.30%를 차지한다. 또한 인도인 교직원이 182명으로 전체 규모의 4.78%를 차지하고, 기타 종족 교직원이 61명으로 전체 규모의 1.60%를 차지한다.[18]

화문독립중학교에서 사용하는 화문 교재는 말레이시아화문학교이사연합총회(马来西亚华校董事联合会总会)에서 편집한 교재를 사용하고 있으며, 참고서나 보충자료는 담당교사가 직접 선정한다. 영어와 말레이어 교재는 일반적으로 담당교사들이 논의하여 학교 교무부서에 신청한 이후 결정된다. 화문독립중학교는 수준 높은 화문교육을 추진하고 있지만, 말레이시아 정부로부터 인정받지 못한 교육기관이기에 영어 및 말레이어 교재 편집이 취약한 실정이다.

화문독립중학교는 정부의 운영체계와 달리 자체적으로 운영하는 사립학교이며, 재학생은 내부 통일시험인 독립중학교통일시험을 치른다. 1975년 독립중학교통일시험위원회는 제1회 독립중학교 통일시험을 주최하였고, 이후 해마나 한차례씩 통일시험이 진행되었다. 통일시험을 치르는 목적은 각 독립중학교의 교육수준을 향상시키기 위해서이고, 졸업생의 진학 및 취업을 위해 학술 근거를 제시하는 것도 목적 중의 하나이다. 화문독립중학교 학력은 비록 말레이시아 정부의 인정을 받지 못하지만, 중국 대륙 · 대만 · 싱가포르 · 일본 · 미국 · 영국 · 프랑스 · 러시아 등 다양한 국가와 지역의 800여 개 대학교가 화문독립중학교 졸업생을 모집하

**18** 刘世勇 · 武彦斌(2012), p. 41.

고 있다. 또한 2005년부터 독립중학교 통일시험에 합격한 학생은 중국의 중국어능력시험(HSK)에 면제되어 중국 국내 각 대학에 직접 입학신청을 할 수 있게 되었다.

연구자는 말레이시아 쿠알라룸푸르에 위치한 준쿵독립중학교(尊孔独立中学)를 직접 방문하여 학교 운영실태 및 졸업생 진로 관련 자료를 수집하고 인터뷰를 진행하였다. 1906년에 설립된 준쿵독립중학교는 쿠알라룸푸르 차이나타운과 가까운 거리에 위치해 있으며, 말레이시아에서 가장 오랜 역사를 가지고 있는 화문중학교이다. 준쿵독립중학교는 "민족문화를 유지하고, 중화문화를 계승"하는 취지로 학교를 운영하고 있으며, 중국어 · 영어 · 말레이어 3중언어교육을 병행하고 있다. 현재 준쿵독립중학교에는 135명의 교사와 45명의 직원이 근무하고 있으며, 2,350명의 학생이 재학 중이다.[19]

참여자 5: 독립중학교는 제한을 많이 받죠. 정부 인정을 받지 못하는 학교이기 때문에 지원을 받지 못하고 졸업생들도 국립대학교에 입학할 수 없어요. 하지만 장점도 많습니다. 화문, 영어, 말레이어를 구사하기 때문에 글로벌 경쟁력을 가지고 있고, 일반 현지 중학교보다 교육 수준이 높아요. 그래서 해외 800여 개 대학교가 저희 학력을 인정하고 학생을 모집합니다. 저희 졸업생은 중국, 대만, 싱가포르, 미국, 캐나다 등등 해외 대학교로 많이 입학합니다.

화문독립중학교는 정부의 개편을 거부한 사립중학교로, 정부의 지원 없이 화인사회가 자발적으로 운영하는 민족학교이다. 화문독립중학교는 3중언어교육을 병행하면서 수준 높은 교육으로 화인사회의 지지를 받고 있지만, 여전히 다양한 어려움에 직면하고 있다. 특히 말레이시아 교육체

19 尊孔独立中学: http://confucian.edu.my/(검색일: 2017.05.20.)

계에 편입되어 있지 않고, 말레이시아 정부가 독립중학교의 통일시험을 인정하지 않는 관계로 독립중학교 졸업생은 말레이시아 국립대학교에 입학하지 못한다는 것이다. 따라서 화문독립중학교의 졸업생들은 국내 대학교가 아닌 중국, 싱가포르, 미국, 유럽 등 해외 대학교로 진학하는 것이 대부분이다.

### (2) 국립화문중학교: 국민형중학교

국민형중학교의 전신(前身)은 화문중학교이지만, 현재는 말레이시아 정부에서 개설한 학교로 정의되고 있으며, 말레이어와 영어를 주요한 교육용어로 사용하고 있다. 말레이시아 교육부통계에 따르면, 2010년 기준 전국에는 78개의 국민형중학교가 설립되어 있다.[20]

『1961년 교육법령』 실행 이후 대부분의 화문중학교는 정부의 지원을 받기 위해 영어를 주요한 교육용어로 사용하는 국민형중학교로 개편되었다. 그리고 『국어법령』이 실행된 이후 1980년부터 국민중학교는 말레이어를 주요한 교육용어로 사용하고 있다. 화문중학교 개편 이전, 말레이시아 정부는 국민형중학교의 모든 행정 · 발전 경비를 지원하고, 1/3의 커리큘럼을 화문으로 개설하며, 충분한 교직원을 보장하고 이사회의 법적지위는 그대로 유지한다고 약속하였지만, 현재까지 이러한 내용은 실행되지 않고 있다.

개편된 국민형중학교는 국립중학교로 교과목, 학제 등은 일반 국민중학교와 동일하다. 다만 대부분의 국민중학교는 화문을 필수과목으로 개설하고 있다. 현재 국민형중학교는 매주 최소 5시간 정도의 화문수업을 개설하고 있는데, 재학생의 화문수준이 떨어지는 현상이 심각하게 나타나

---

**20** 朱爱琴 · 强海燕(2013), "马来西亚华文教育现状及其新政策研究", 『现代教育论丛』 第193期, pp. 91-95.

고 있다. 이러한 문제점은 현지조사 및 심층면접에서도 잘 나타난다. 연구자가 방문한 말레이시아 카장(Kajang)에 위치한 위화중학교는 1960년대에 개편된 대표적인 국민형중학교이다. 위화중학교는 1917년에 설립된 화문중학교로 1962년 정부의 요구에 따라 국민형중학교로 개편되었으며, 2020년 현재 총 3,244명의 학생이 재학 중이다.[21]

> 참여자 3: 저는 학교에서 화문교육을 담당하고 있어요. 제일 심각한 문제가 학생들의 화문수준이 낮아지고 있다는 것입니다. 말레이어나 영어교육을 중요시하다보니까 화문교육이 소홀해지고 있어요. … 그리고 교육부에서 화문을 모르는 교장을 학교로 파견하다보니까 화문교육이 약화되고 있는 것이죠.

### 3) 화문대학교

말레이시아 대학교 교육은 1961년부터 시작되었다. 1980년대 이후 말레이시아 정부가 개인기업이 대학교나 전문대학교를 설립할 수 있도록 허용하자, 사립대학교가 활발하게 발전하기 시작하였다. 따라서 말레이시아 화인도 적극적으로 대학교를 설립하고 운영하기 시작하였다. 현재 말레이시아에는 신기원대학학원(新纪元大学学院), 한장미디어대학학원(韩江传媒大学学院), 남방대학학원(南方大学学院) 총 3개의 화문대학교가 설립되어 있다. 이러한 화문대학교는 화문교육을 활성화시키고, 모국어 교육체계를 정립하며, 말레이시아 화인문화를 계승하는 것을 취지로 운영되고 있다. 연구자는 쿠알라룸푸르에 위치한 신기원대학학원과 페낭에 위치한 한장미디어대학학원을 직접 방문하여 화문대학교의 운영실태, 운영과정에서 나타나는 문제점 등을 조사하였다.

---

**21** 加影育华国民型中学: http://yuhua.edu.my/v1/(검색일: 2020.10.15.)

신기원대학학원은 말레이시아화문학교이사연합회총회(马来西亚华校董事联合会总会)와 말레이시아화문학교교사회총회(马来西亚华校教师会总会)가 화인학생 특히 화문독립중학교 졸업생들의 진학문제를 해결하기 위해 설립된 화문대학교이다. 신기원대학학원은 1997년 5월 27일 말레이시아교육부의 허가를 받아 대학교 설립을 추진하였으며, 1998년 3월 1일에 본격적으로 개강하였다. 현재 신기원대학학원에는 중국언어문학과, 경영학과, 정보공예학과, 미디어연구학과, 연극 및 영상학과, 미술 및 디자인학과, 심리상담학과, 교육학과 등 총 8개 학과가 설립되어 있으며, 재학생이 1,400명에 이른다. 신기원학원은 해외 80개 대학 및 연구기관과 MOU를 체결하여 학생 교류 및 학술 협력을 추진하고 있다.

> 참여자 4: 화문대학교는 화문초등학교, 독립중학교보다 역사가 짧지만, 화문대학교가 설립되어서 말레이시아는 초등학교부터 대학교까지에 이르는 체계적인 시스템이 갖추어졌습니다. 의미가 남다른 것입니다. … 화문대학교를 운영하는데 어려움이 많죠. 우선 학생모집이 어렵습니다. 화문대학교로 진학하는 학생은 대부분 독립중학교 졸업생인데, 해외로 유학 가는 경우가 많아요. 그렇다 보니 학생모집이 어렵습니다.

한장미디어대학학원은 페낭에 위치한 화인대학교로 한장중학교와 인접해 있다. 1999년에 설립된 한장미디어대학학원에는 현재 경제 · 경영학과, 신문방송학과, 컴퓨터정보학과, 중국어학과 등 학과가 개설되어 있으며, 재학생이 1,400명에 이른다. 한장미디어대학학원은 1978년부터 신문방송 교과목으로 인해 말레이시아 교육계에서 유명하였다. 한장미디어대학학원은 신문방송 교과목을 통해 다양한 화인인재를 양성하였다. 그리고 1999년 한장미디어대학학원은 신문방송 교과목을 학과로 재편하고 경제 · 경영학과, 컴퓨터정보학과를 확충하여 정규 대학교를 설립하였다.

연구자: 화문대학교 운영에 가장 어려운 점이 무엇입니까?

참여자 4: 학생 모집도 문제고, 운영비도 많이 어렵습니다. 저희가 사립대학교이다 보니까 화인사회의 지원을 많이 받고 있어요. 학생 등록금, 지원금 이런 것도 한계가 있어요. 그래서 화인학생 뿐만 아니라 외국인이나 다른 종족 학생도 영입하려고 노력하고 있는데, 많이 어렵습니다.

요컨대 말레이시아 정부의 교육정책 완화로 인해 화인사회는 3개의 화문대학교를 설립하여 화인 인재를 양성하고 있지만 운영과정에서 학생모집, 재정적 어려움 등 문제점이 나타나고 있다. 특히 화문대학교는 독립중학교 화인학생을 대상으로 설립된 교육기관이지만, 대부분 독립중학교 졸업생이 해외로 진학하여 학생모집이 어려운 상황이 나타나고 있다.

## 3. 말레이시아 화문교육의 영향요인

말레이시아 화인 민족교육은 정부의 차별적이고 제한적인 교육정책에도 불구하고 화인사회의 꾸준한 노력으로 초등학교부터 대학교에 이르는 체계적인 교육 시스템을 구축하였다. 다음은 화인 디아스포라의 민족교육에 영향을 미치는 세부 요인을 살펴보고자 한다.

### 1) 제한과 관용: 말레이시아의 화인 교육정책

말레이시아는 독립이후 "하나의 국민, 하나의 민족, 하나의 국가"라는 민족주의 이념의 영향 아래 말레이인 우대 정책을 추진하면서 말레이어를 중심으로 한 국가교육체계를 구축하기 시작하였다. 1950년대부터 말레이시아 정부는 화인, 인도인을 비롯한 디아스포라의 민족교육이 종족갈등을 야기하는 근원으로 판단하여 화인의 민족교육을 제한하는 동화정책을 추진하였다. 특히 『1961년 교육법령』은 모든 화문초등학교를 말레이시아 교육체계에 편입시켰으며, 중학교의 경우 대부분이 국민형중학교로 개편되고 일부만이 화인의 민족교육을 견지하는 독립중학교로 발전하였다. 이 시기 말레이시아 정부의 제한적인 동화정책으로 인해 화인 민족교육은 치명적인 타격을 받았다.

1969년 현지 화인사회에서 "5 · 13사건"으로 불리는 종족갈등이 폭발한 이후 말레이시아 정부는 말레이인을 우대하는 신경제정책을 추진하기 시작하였고, 화인 민족교육에 대한 동화정책을 강화하였다. 1969년 말레이시아 교육부는 1970년부터 국민형초등학교는 말레이어로 수업을 진행하며, 1975년까지 국민초등학교로 개편한다고 발표하였다. 또한 1977년부터 국민형중학교에서도 말레이어를 교육용어로 사용하고 중학교의 모든 시험도 말레이어로 진행할 것을 강요하였다. 1982년에 이르러 대학교의 교육용어도 말레이어로 변경되어 초등학교부터 대학교까지 말레이어가 유일한 교육용어로 되었다.

1980년대에 이르러 정부는 화문초등학교에 대한 통제를 한층 더 강화하였다. 교육부는 화문초등학교에서 말레이어 교재를 사용할 것을 강요하였으며, 커리큘럼에서 화문 수업시간을 대폭 축소시켰다. 또한 교직원과 재학생이 화인임에도 불구하고 교육부에서 직접 사람을 파견하여 학교의 제반 업무를 관리하였으며, 경제 지원을 축소하여 일부 화문초등학교가 경영난으로 폐교되도록 방치하였다.

1990년대 이후 말레이시아 민주주의 발전과 함께 화문교육에 대한 제한적 정책도 완화되기 시작하였다. 1991년 말레이시아 전 총리 마하티르가 "2020프로젝트" 전략을 제시하면서 보다 개방적인 교육정책을 추진하기 시작하였다. 『1996년교육법령』은 기존의 제한적 교육정책 일부를 철폐하여 화문초등학교의 이사회 설립을 묵인하였으며, 화문독립중학교의 존속과 발전을 허용하였다. 또한 1996년 『전문대학교법령』, 『사립교육기구법령』, 『대학교육이사회법령』등을 제정해 사립대학교의 설립과 발전에 법적 기반을 마련하였다. 이에 따라 신기원학원, 한장학원, 남방대학학원 등 화문대학교가 설립되어 체계적인 교육시스템이 구축되었다.[22] 말레이시아 정부의 교육정책 완화는 현지 화인의 민족교육에 새로운 계기를 마련하였다.

### 2) 말레이시아 화인사회 지원

말레이시아 정부의 차별적이고 제한적인 교육정책에도 불구하고 화인의 민족교육이 유지되고 발전할 수 있는 것은 말레이시아 화인사회의 노력과 지원이 있었기 때문이다. 민족교육에 대한 현지 화인사회의 지원은 아래와 같은 측면에서 나타난다.

첫 번째는 민족교육에 대한 화인사회의 경제적인 지원이다. 말레이시아로 유입된 화인은 대부분 중국 광동(广东), 복건(福建), 광서(广西), 해남(海南) 지역 출신이다. 그들은 말레이시아 말라카, 페낭 등 지역에 집중거주 하면서 지연을 중심으로 한 동향회, 혈연을 중심으로 한 종친회를 구성해 민족공동체를 구축하였다. 현지 화인은 민족언어를 유지하고 전통문화를 계승하기 위해 자발적으로 민족교육을 추진하기 시작하였으며, 1819년 페낭에서 설립된 오복서원이 화인 민족교육의 시점이 되었다. 19세기 초반부터 민족교육에 대한 화인사회의 경제적 지원은 꾸준히 이어져 지원 규모는 집계하기 어렵지만, 현지 화인사회에서는 최소 10억 링깃에 달한다고 추정하고 있다.[23] 민족교육에 대한 화인사회의 지원은 현재까지도 이

22 王焕芝 · 洪明(2011), "马来西亚华文教育政策的演变及未来发展", 『附件师范大学学报』, 2011年第4期, pp. 191-195.

23 李开慧(2005), "简论马来西亚华文教育的发展", 『西南民族大学学报』 第26期, pp. 338-340.

어지고 있는데, 특히 정부지원을 받지 못하고 있는 화문독립중학교에 대한 경제적인 지원이 꾸준히 이어지고 있다.

두 번째는 화인 민족교육을 이끌어가는 강력한 기구 말레이시아화문학교이사연합회총회(이사총회로 약칭)와 말레이시아화문학교교사총회(교사총회로 약칭)를 구성해 민족교육을 발전시키고 있다. 이사총회와 교사총회는 모두 현지 화인이 자발적으로 구성한 화인단체로 민족교육을 발전시키기 위해 설립된 기구이다. 이사총회는 1954년 8월 22일에 설립되었으며, 화문초등학교 · 화문독립중학교 · 국민형중학교의 이사회로 구성되었다. 이사총회는 말레이시아 화인사회와 화인 민족교육을 지탱하는 가장 중요한 화인단체로, 민족교육시스템의 기반을 마련한 기구이다. 이사총회는 화문학교의 교과목, 시험, 교직원, 교육기금 등 제반업무를 관리하고 있다. 또한 말레이시아 전역의 화문학교 이사회의 친목을 도모하고 네트워크를 강화하며 화문학교를 대표해 정부와 협상하는 역할을 담당하고 있다. 다른 한편, 1951년에 설립된 교사총회는 말레이시아 각 주 화문학교교사연합회와 각 지역 화문학교교사공회로 구성된 기구로, 처음에는 화문학교 교사들의 친목을 도모하기 위한 단체이었다. 그러나 1951년 영어와 말레이어를 교육용어로 하는 학교를 설립해 화문학교를 대체할 것을 요구한 『반스보고서(Barnes Report)』가 발표된 이후, 위기에 처해있는 민족교육을 부흥시키기 위해 교사총회가 설립되었다. 교사총회는 화인사회가 민족교육의 합법적 지위를 취득하기 위해 창립한 기구이다. 이사총회와 교사총회는 말레이시아 현지 화인의 민족교육을 이끌어가는 기구로, 화인의 민족교육이 체계적으로 발전할 수 있는 가장 중요한 원인이다.

### 3) 국제환경의 변화

세계화와 함께 초국적 인구이동이 활성화되면서 다종족, 다종교, 다문화 현상은 더는 말레이시아를 비롯한 특정 국가만의 문제가 아니라 국제사회에서도 일반화되고 있는 현상이다. 다문화 공존, 이주민 사회통합 등이 국제사회의 새로운 이념으로 등장함에 따라 말레이시아의 종족정책에도 변화가 나타나고 있다. 특히 말레이시아 전 총리 마하티르가 제시한 "2020프로젝트"는 다문화요소를 고려해 화인, 말레이인, 인도인을 비롯한 종족이 모두 평등한 권리를 가지고 있다는 이념을 도입하기 시작하였다. 따라서 말레이시아 기존의 차별적이고 제한적인 교육정책도 완화되어 화인의 민족교육이 활성화되고 있다.

또한 중국의 경제발전과 영향력 확대, 중국 · 말레이시아 양국관계는 화인의 민족교육에 적극적인 영향력을 행사하고 있다. 1978년 개혁개방 이후 중국은 신속한 경제발전을 기반으로 전 세계적으로 영향력을 확대하고 있으며, "한풍(汉风)" 이라고 불리는 중국 열풍이 나타나기 시작하였다. 모국의 경제발전과 영향력 확대에 힘입어 민족언어와 전통문화를 전승하기 위한 화인의 민족교육도 한층 더 발전하고 있다.

다른 한편, 1974년에 수교한 중국과 말레이시아의 양호한 국제관계도 화인 민족교육 발전에 적극적인 영향요인으로 작용하고 있다. 수교 40여 년 동안 중국과 말레이시아는 우호적인 양국관계를 유지하고 있다. 동남아시아 지역에서 말레이시아는 중국의 최대 무역 파트너이며, 과학기술 · 교육 · 문화영역에서 활발한 교류와 협력이 이루어지고 있다. 모국과 거주국의 정치 · 경제 · 문화 교류 활성화는 화인 디아스포라의 민족교육이 발전할 수 있는 기반을 마련한 것이다.

## 4. 대표적 화문학교

연구팀은 말레이시아 화인의 민족교육 실태를 세부적으로 검토하기 위해 현자조사 과정 중 말레이시아 카장에 위치한 위화국민형중학교, 쿠알라룸푸르에 위치한 준쿵독립중학교, 페낭의 한장중학교를 직접 방문하여 자료를 수집하였다.

### 1) 위화국민형중학교(育华国民型中学)

위화국민형중학교는 1917년에 설립된 화문중학교로 현재까지 100여 년의 역사를 가지고 있다. 기존에는 원화학교(文华学校)로 불리다가 1918년에 위화학교로 명칭이 변경되었다. 제2차세계대전 당시 전쟁으로 인해 학교가 폐쇄되었다가 1946년에 다시 개교되었다. 위화국민형중학교는 1962년에 정부의 교육정책에 따라 기존의 화문중학교에서 국민형중학교로 개편되었다. 초기에는 위화국민형중학교와 위화독립중학교로 이분화되었으나, 위화독립중학교가 3년 후 폐쇄되면서 위화국민형중학교로 단일화되었다.

**사진 5.1** 위화국민형중학교(育华国民型中学)
출처: 저자 촬영

위화국민형중학교는 "수준 높은 교육제도(高素质的教育制度), 교육 수준이 높은 인류(高教育程度的人类), 국가 번영 · 국민 행복(国家繁荣 · 人民幸福)"을 학교 비전으로 제시하고 있다. 또한 "수준 높은 교육을 통해 개인의 잠재력을 발전시켜 국가 발전을 실현하는 것(达致高素质的教育制度, 以发展个人的潜能, 进而实现国家的愿景)"을 학교의 사명으로 간주하고 있다. 비록 정부의 교육정책에 따라 개편되었지만 위화국민형중학교는 여전히 화인들이 중요시하는 "충(忠), 용(勇), 성(诚), 의(毅)"를 학교의 이념으로 제시하고 있다. 여기서 "충"은 충성을 의미하고, "용"은 용기를 의미하며, "성"은 성실함, "의"는 과감함을 의미한다. 이렇듯 위화국민형중학교는 비록 국민중학교로 개편되었으나, 여전히 화문학교의 이념을 유지하고자 노력하고 있다.

현재 위화국민형중학교에는 총 3,244명의 학생이 재학 중이며, 그 중 남학생이 1,494명, 여학생이 1,750명으로 나타난다.[24] 1962년 개편 이후 위화국민형중학교는 화인학생뿐만 아니라, 말레이학생과 인도계 학생도 받아들이고 있다. 말레이학생과 인도계학생들이 국민형중학교를 선택하는 이유는 일반 국민중학교보다 교육 수준이 높고, 중국어 · 말레이어 · 영어 등 3중언어교육을 받을 수 있을 뿐 아니라, 화인들의 전통문화와 관습을 체험하는 등 다양한 언어와 문화를 접할 수 있기 때문이다. 이러한 이유는 학생들과의 인터뷰에서도 잘 나타난다.

연구자: 왜 위화학교로 오게 되었나요?

인도계 학생: 저는 아버지가 선택했어요. 위화학교가 주변에 있는 다른 중학교보다 수준이 높고, 중국어도 배울 수 있다고 해서 위화로 왔어요. ... 저는 인도어도 할 수 있기 때문에 중국어까지 배우면 4개국어를 할 수 있어요.

---

**24** 加影育华国民型中学: http://yuhua.edu.my/v1/(검색일: 2020.12.15.)

**사진 5.2** 위화국민형중학교 학생과의 인터뷰

말레이계 학생: 저도 부모님이 중국어 배울 수 있다고 해서 왔어요. 서예도 배우고 전통악기도 배울 수 있어서 재밌어요.

국민형중학교는 정부에서 인정하는 국립중학교로서 교과목, 학제 등은 일반 국민중학교와 동일하다. 위화국민형중학교도 기타 말레이시아 국민중학교와 마찬가지로 화문을 필수과목으로 개설하고 있는데, 현재 매주 5시간 정도의 화문수업을 운영하고 하고 있다. 또한 위화국민형중학교는 화문 외에도 서예, 전통악기, 전통무용을 비롯한 화인 전통문화 관련 교과목을 개설함으로써 차세대 화인의 민족정체성 고양 및 전통문화 계승을 위해 다양한 노력을 이어오고 있다.

위화국민형중학교를 방문할 당시 학교 곳곳에는 화인들의 전통문화를 엿볼 수 있는 소품들을 확인할 수 있었다. 예컨대 전통명절 춘절(春节)에 사용되는 춘롄(春联),[25] 중추절이나 원소절에 많이 사용되는 등롱(灯笼),

25 중국에서는 최대 전통명절 춘절에 집의 문 또는 기둥에 춘롄(春联)을 붙이는 풍습이 있다. 춘롄은 뚜이롄(对联)에서 기원했으며, 삼국시대부터 시작된 중국의 오랜 전통이자 풍습이

전통무용에서 많이 사용되는 부채, 사자탈 등을 쉽게 찾아볼 수 있었다. 그만큼 위화국민형중학교는 비록 정부의 교육정책에 의해 개편되었지만, 여전히 화문학교로서의 정체성과 문화적 특성을 유지하고 있다.

**사진 5.3** 위화국민형중학교 학생들의 서예 수업

출처: 저자 촬영

**사진 5.4** 위화국민형중학교 교사와의 인터뷰

**사진 5.5** 학생들의 부채춤 공연 연습

다. 춘렌은 붉은 종이 위에 한 해의 소망을 담은 문구를 적는데, 이를 통해 한해의 복과 행운을 기원한다.

**사진 5.6** 위화국민형중학교 내부 사진

**사진 5.7** 위화국민형중학교 홈페이지

출처: http://yuhua.edu.my/v1/(검색일: 2020.12.17.)

### 2) 준쿵독립중학교(尊孔独立中学)

말레이시아 쿠알라룸푸르에 위치한 준쿵독립중학교는 화인의 민족교육을 유지하고 있는 대표적 독립중학교이다. 백여 년의 역사를 가지고 있는 준쿵독립중학교는 말레이시아에서 가장 오랜 된 사립 중학교로, 쿠알라룸푸르의 차이나타운 잘란 프탈링 거리(茨厂街)의 주변에 자리 잡고 있다. 준쿵독립중학교는 공자의 교육이념을 기반으로 민족언어를 유지하고 중화문화를 계승하는 것을 역사적 사명으로 간주하고 있다. 저자는 쿠알라룸푸르의 대표적 독립중학교를 심층적으로 검토하기 위해 준쿵독립중학교를 방문하였다.

1906년에 푸젠, 광둥 출신 상인들이 출자하여 창립된 준쿵독립중학교는 현재까지 백여 년의 역사를 가지고 있으며, 1906년 창립당시에는 준쿵학당(尊孔学堂)으로 불렸다. 준쿵학당은 1907년 5월 24일에 공식적으로 개학했으며, 첫 교장은 네사오윈(聂少云)이 담당하였다. 개학 당시 준쿵학

**사진 5.8** 준쿵독립중학교
출처: 저자 촬영

당에는 8명의 교사와 73명의 학생이 있었다.

1916년 준쿵학당은 준쿵학교로 명칭이 변경되었고, 1924년에 중학교 교육과정을 개설하였으며, 1938년에는 당시 중국국민정부 교무위원회에 "준쿵중학교"로 등록하였다. 1941년부터 1945년까지 전쟁으로 인해 학교가 폐쇄되었다가 1946년에 중학교 교과목이 회복되고, 1947년에 고등부 교과목이 회복되었다.

1961년 말레이시아 정부가 『1961년 교육법령』을 제정한 이후 많은 화문중학교가 국민형중학교로 개편되었지만, 준쿵독립중학교는 꾸준히 민족교육을 유지해왔다. 1970년에 이르러 준쿵독립중학교는 8~9개 정도의 분반만 남아있어, 300명 정도의 학생이 재학 중이었는데, 이는 가장 힘든 시기였다.

1973년 준쿵을 비롯한 독립중학교의 어려운 상황을 개선하고자 말레이시아 전역에는 독립중학교 진흥운동이 전개되었다. 화인사회의 적극적 지지로 인해 1975년 준쿵독립중학교의 재학생은 1,000명 이상을 유지하게 되었다. 그 이후 3중언어교육을 병행하고, 교육수준이 일반 국민중학교보다 높게 평가되는 준쿵독립중학교는 쿠알라룸푸르에서도 대표적인 중학교로 자리매김하였다.

준쿵독립중학교는 우수 인재를 양성하는 것을 중요한 목표로 간주하고 있을 뿐만 아니라, 민족언어와 전통문화를 유지하고 계승하는 것을 중요한 이념으로 인식하고 있다. 특히 준쿵독립중학교는 공자사상을 기반으로 "존중배려(尊重关爱), 유교무류(有教无类), 전면발전(全面发展), 인재시교(因材施教)"를 교육이념으로 제시하고 있다.

"존중배려"는 사람을 중심으로 하는 교육을 추진하며, 학생 중심으로 교육이 이루어진다는 의미이다. 준쿵독립중학교는 학생들이 존중과 배려 속에서 학업을 이어가고, 성장할 수 있도록 지원하는 것을 교육이념으로 지향하고 있다. 또한 "유교무류"는 가르침에는 차별이 없다는 공자의 말

**사진 5.9** 준쿵독립중학교 공자상
출처: 저자 촬영

에 따라, 민주교육을 추진한다는 것이다. 즉 학생들의 종족, 종교, 가정환경, 성적을 불문하고 평등하게 학생을 대우하고 가르칠 것을 강조하고 있다. "전면발전"은 학생들에게 최고의 교육환경과 설비를 제공하고 수준 높은 교육의 질을 보장함으로써 모든 학생이 덕(德), 지(智), 체(体), 미(美), 노(劳) 영역에서 성장하고 발전할 수 있도록 지원한다는 것이다. "인재시교"는 자질에 따라 다르게 가르친다는 의미로, 학생들의 장점을 발굴하여 맞춤형 교육을 추진함으로써 학생들이 자주적으로 성장하고 평상 학습할 수 있도록 인식을 심어준다는 의미이다. 이렇듯 준쿵독립중학교는 공자 사상을 교육이념으로 제시하여 시대에 걸맞는 우수인재를 양성하고자 한

**사진 5.10** 준쿵독립중학교

출처: 尊孔独立中学: https://www.confucian.edu.my/(검색일: 2020.12.18.)

다. 또한 "지식을 탐구할 수 있고, 일을 할 줄 알며, 공존할 수 있는 동시에 변화를 두려워하지 않고 인간다운(学会求知, 学会做事, 学会共处, 学会做人及学会改变)"은 인재를 양성하는 것을 학교 목표로 제시하고 있다.

2017년 기준 준쿵독립중학교는 교사 135명, 직원 45명을 포함해 총 180명의 교직원이 재직 중이며, 재학생은 2,350명에 이른다.[26] 독립중학교는 사립학교이기에 교육부로부터 학력이 인증되지 않는다. 이러한 상황에서 준쿵독립중학교는 "독립중학교 통일 커리큘럼과 시험에 응시하는 것을 위주로 하고, 정부 커리큘럼 및 시험 응시를 보완책으로 하는 방침"으로 교과목을 운영하고 있다. 따라서 준쿵독립중학교 재학생은 독립중학교 통일 커리큘럼에 따라 수업을 하고, 전국 독립중학교 통일시험에 응시한다. 정부 커리큘럼과 시험은 조건에 따라 선택과목으로 수업을 듣거나

26 尊孔独立中学. https://www.confucian.edu.my/(검색일: 2020.10.30.)

선택적으로 시험에 응시한다.

독립중학교는 6년제 중학교로 초중(初中) 3년, 고중(高中) 3년이 포함된다. 초중(初中)은 4대 필수과목 즉 중국어, 영어, 말레이어, 수학이 있으며, 13개의 선택과목 즉 과학, 역사, 지리, 미술, 컴퓨터, 체육, 음악, 노동, 생활기능, 무술, 서예 등이 포함된다. 고중은 이과, 문과, 미술디자인과, 음식관리과로 구분된다.

### 3) 한쟝중학교(韩江中学)

한쟝중학교는 1950년에 설립된 화인독립중학교로, 말레이시아 페낭에 위치해 있다. 한쟝중학교는 말레이시아에서 가장 오랜 역사를 가지고 있는 화인독립중학교 중의 하나이다. 한쟝중학교는 중국 당나라시기 문학가 한유(韩愈)를 기념하기 위해 한쟝(韩江)이라는 이름으로 학교를 명명하였다. 연구자는 페낭의 화인사회와 화문중학교를 심층적으로 살펴보기 위

**사진 5.11** 한쟝중학교 홈페이지
출처: 韩江中学: http://www.hchs.edu.my/(검색일: 2020.12.18.)

**사진 5.12** 한쟝중학교
출처: 저자 촬영

해 직접 한쟝중학교를 방문하였다.

한쟝중학교는 학교이사회 린렌덩(林连登)이사장의 주도 하에 설립되었으며, 1950년 2월 2일에 정식으로 개강하였다. 설립 초기 학교는 교직원 17명과 재학생 300여 명에 불과했다. 그러나 70년의 발전 끝에 현재 한쟝중학교에는 교직원 123명과 1,965명의 학생이 재학 중이다. 또한 재학생 중에는 외국국적 유학생이 300명에 이르는데, 이러한 외국인학생은 태국, 중국, 한국, 싱가포르를 비롯한 18개 국가 출신 학생들이다.[27]

한쟝중학교는 화인이 독립적으로 운영하는 사립학교로, 교내 모든 시설은 화인사회가 모금하여 설립한 것이다. 한쟝중학교는 페낭 지역에서도 질 높은 교육과 좋은 시설로 유명하다. 특히 2009년과 2011년에는 페낭 교육청의 인정을 받아 "5성급우수학교"로 선정되었다.

한쟝중학교는 수준 높은 교육을 통해 한쟝을 최고급 학교로 성장시키

27 韩江中学: http://www.hchs.edu.my/(검색일: 2020.12.19.)

는 것을 목표로 하고 있다. 또한 모국어 교육을 계승하고 발전시키는 것을 학교 신념으로 간주하며, 다원화 교육을 통해 학생들을 글로벌 인재로 양성하는 것이 교육 목표이다. 한장중학교도 준쿵독립중학교와 비슷한 맥락으로 "유교무류(有教无类)", "인재시교(因材施教)"를 기반으로 덕, 지, 체, 미,

**사진 5.13** 한장중학교 내부 사진
출처: 저자 촬영

**사진 5.14** 한장중학교 내부 사진
출처: 저자 촬영

노동 영역에서 전면적으로 발전한 인재를 양성해 말레이시아 화인사회 발전을 위해 공헌하고자 한다.

한장중학교 한쪽에는 페낭 화인의 역사와 문화를 살펴볼 수 있는 한장화인문화관(韩江华人文化馆)이 설립되어 있다. 한장화인문화관은 2003년 6월 29일에 설립되었으며, 주로 화인의 역사자료와 문화를 전시하고 있으며, 화인들이 말레이시아 건국 및 국가발전에 기여한 공헌을 전시하는 문화관이다.

한장화인문화관은 페낭 화인의 문화를 전시하고 계승하기 위한 전시관으로 두 부분으로 구분된다. 하나는 말레이시아의 정치, 경제, 역사, 문화 관련 서적을 소장하고 있는 자료실이고, 다른 한 부분은 페낭의 역사와 문화를 전시하는 전시관이다. 문화관의 전시품은 모두 첫 관장을 담당한 천젠훙(陈建虹)이 직접 구매한 물품으로, 현재 비매품으로 전시되고 있다. 문화관의 모든 전시품은 다른 전시관에서 전시한 적이 없다. 전시품들은 중고시장에서 구매한 물품도 있고, 현지 화인들이 기증한 물품도 많다.

**사진 5.15** 한장화인문화관(韩江华人文化馆)
출처: 韩江中学: http://www.hchs.edu.my/(검색일: 2020.12.18.)

**사진 5.16** 한장화인문화관 내부 사진
출처: 저자 촬영

**사진 5.17** 한장화인문화관 내부 전시 사진
출처: 저자 촬영

### 4) 한장미디어대학학원(韩江传媒大学学院)

흔히 한장학원이라고 불리는 한장미디어대학학원(Han Chiang University College, 韩江传媒大学学院)은 페낭에 위치한 화인대학교로 한장중학교와 인접해 있다. 1999년 7월에 설립된 한장미디어대학학원은 사립대학교로서 기존에 한장학원으로 불리다가 2017년 교육부로부터 인증 받아 한장미디어대학학원으로 승격되어 명칭이 변경되었다.

**사진 5.18** 한장미디어대학학원 홈페이지
출처: https://cn.hcu.edu.my/(검색일: 2020.12.20.)

**사진 5.19** 한장미디어대학학원
출처: 韩江传媒大学学院: https://cn.hcu.edu.my/(검색일: 2020.12.20.)

한장미디어대학학원에는 현재 미디어대학, 상업 및 관리대학, 응용창의예술 및 디자인대학, 중화연구원 등 대학이 설립되어 있고, 16개 전공이 개설되어 있으며, 재학생이 1,400명에 이른다. 한장미디어대학학원은 1978년부터 신문방송 교과목으로 인해 말레이시아 교육계에서 유명하였다. 한장미디어대학학원은 신문방송 교과목을 기반으로 다양한 화인인재를 양성하였으며, 현재는 경영, 예술, 디자인 등 다양한 글로벌 인재를 육성하고 있다. 또한 최근에는 해외협력을 강화해 한국은 물론 중국, 호주, 영국 등 국가 대학교와의 교류와 협력도 활성화시키고 있다.

### 5) 신기원대학학원(新纪元大学学院)

신기원대학학원은 말레이시아화인학교이사연합회총회(董总)와 말레이시아화인학교교사회총회(教总)가 화인 학생 특히 화인독립중학교 졸업생들의 진학문제를 해결하기 위해 설립된 화인 대학교이다. 신기원학원

**사진 5.20** 신기원대학학원 홈페이지
출처: 新纪元大学学院: https://www.newera.edu.my/aboutUs_cn.php(검색일: 2020.12.21)

**사진 5.21** 신기원대학학원

출처: 新纪元大学学院. https://www.newera.edu.my/aboutUs_cn.php(검색일: 2020.12.21.)

은 1997년 5월 27일 말레이시아 교육부의 허가를 받아 대학교 설립을 추진하였으며, 1998년 3월 1일에 본격적으로 개강하였다. 또한 2016년 12월 30일에는 고등 교육부의 허가를 받아 학원에서 대학학원으로 발전하였다.

현재 신기원대학학원에는 국제교육대학, 문학 · 사회과학대학, 컴퓨

**사진 5.22** 신기원대학학원 내부 사진

출처: 저자 촬영

터과학 · 정보과학대학, 미술 · 디자인대학, 경영 · 경제대학 등 8개 대학 총 10개 전공이 개설되어 있으며, 재학생이 1,400명에 이른다. 신기원대학학원은 해외 80개 대학 및 연구기관과 MOU를 체결하여 학생 교류 및 학술 협력을 추진하고 있다.

## 5. 소결

말레이시아는 동남아 지역의 대표적인 다종족 · 다종교 · 다문화 국가이다. 화인 디아스포라는 일찍부터 말레이시아로 유입되어 그들만의 민족공동체를 구축하고 민족교육을 발전시켰다. 말레이시아는 동남아에서 화인 민족교육이 가장 발달한 국가로, 약 200년이라는 오랜 역사를 가지고 있다. 이 연구는 현지조사와 심층면접을 중심으로 말레이시아 화인 디아스포라의 민족교육 실태, 운영과정에서 나타나는 문제점, 그리고 화인의 민족교육에 영향을 미치는 요인을 세부적으로 검토하였다.

연구결과 말레이시아 화인의 민족교육은 화문초등학교부터 중학교, 대학교에 이르기까지 체계적인 교육 시스템이 구축되었으며, 학생규모가 70만 명에 이른다. 우선, 말레이시아 정부의 차별적인 교육정책으로 인해 1960년대 이후 화문초등학교는 국가 교육시스템에 강제적으로 편입되었다. 화문초등학교는 민족교육이 약화되고 있고, 정부 지원이 부족하며, 교직원 충원이 절실한 상황에 처해 있다. 다음, 『1961년 교육법령』실행 이후, 화문중학교는 사립과 국립으로 분리되어 화문독립중학교와 국민형중학교가 운영되고 있다. 그중 화문독립중학교는 말레이시아 정부의 개편을 거부하여 화문을 교육용어로 유지한 민족학교이다. 화문독립중학교는 비록 정부의 인증과 지원을 받지 못하고 있지만, 3중언어교육을 실행하고 있고, 화문을 주요한 교육용어로 사용하고 있으며, 중화문화를 유지하고 계승하는 것을 취지로 운영되고 있다. 마지막으로, 1980년대 이후 정부의 규제 완화로 화문대학교가 제한적으로 발전하고 있는데, 현재 말레이시아에는 남방대학학원, 신기원대학학원, 한장미디어대학학원 총 3개의 화문대학교가 설립되어 있다. 화문대학교는 화인사회가 스스로 설립 운영하는 민족교육기관으로 학생 모집이 어렵고, 재정적 지원이 부족한 문제점에 노출되어 있다.

화인 디아스포라의 이러한 민족교육에는 말레이시아 정부의 교육정책, 현지 화인사회의 지원, 그리고 국제환경의 변화 등이 영향요인으로 작용하고 있다. 말레이시아 정부의 제한적 교육정책으로 인해 화문초등학교는 국가 교육시스템에 편입되어 말레이어와 영어를 교육용어로 사용하고 있으며, 화문중학교는 독립중학교와 국민형중학교로 구분되어 운영되고 있다. 1990년대 이후 말레이시아의 교육정책이 완화되자 화문대학교가 설립되어 화인 인재를 육성하기 시작하였다. 따라서 정부의 교육정책은 화인 디아스포라의 민족교육에 직접적인 영향을 미치고 있는 핵심 요인이다. 또한 정부의 차별적이고 제한적인 정책에도 불구하고 화인 디아스포라의 민족교육이 지속되고 발전할 수 있는 것은 화인사회의 적극적인 지원이 있었기 때문이다. 아울러 다문화시대의 도래와 함께 국제환경의 변화와 중국, 말레이시아 양국관계의 발전은 모두 화인 디아스포라의 민족교육에 적극적인 영향을 미치고 있다.

말레이시아 화인 디아스포라의 민족교육은 정부의 차별적이고 제한적인 교육정책으로 인해 위기에 처해 있었지만, 화인사회의 의지와 노력으로 민족언어와 전통문화를 전승하면서 꾸준히 발전해왔다. 특히 최근에는 말레이시아 정부의 규제가 완화되면서 화인의 민족교육이 현지화 되는 양상이 나타나고 있다. 또한 중국의 경제발전과 영향력 확대, 중국 정부의 적극적인 화문교육 지원으로 인해 화문학교와 중국의 교류가 활성화되어 말레이시아 화인의 민족교육이 세계로 뻗어나가는 추세가 나타나고 있다.

# Ⅵ

# 화인과 말레이인의 종족관계*

* 제6장 “화인과 말레이인의 종족관계”는 김혜련(2017), “말레이시아 화인과 말레이인의 종족관계 조사 연구”, 『중국학』 제58집, pp. 227-242를 인용함.

화인의 말레이시아 이주는 오랜 역사를 가지고 있다. 특히 19세기 말 20세기 초, 영국의 식민정책으로 인해 대규모의 중국계 이주노동자가 말레이시아 주석광산과 농장으로 유입해 '쿨리(苦力)'로 일을 하였다. 그 이후 오랜 현지정착 과정을 거쳐 중국계 이주노동자들은 점차 오늘날 말레이시아의 주요한 사회구성원 중의 하나인 화인으로 성장하였다. 말레이시아 화인은 중국 광둥(广东), 광시(广西), 푸젠(福建), 하이난(海南) 지역 출신이 가장 많으며, 그들만의 민족공동체를 구축해 상호보완적 네트워크를 형성하고 있다.[1]

세계화시대가 도래됨에 따라 서로 다른 종족이 한 국가 내에 공존하는 것이 일반화되었다. 다종족 국가에서 종족정체성은 꾸준히 유지되어 왔으며, 최근에는 이러한 종족정체성이 더욱 강화되고 있는 추세이다. 다양한 종족으로 구성된 국가에서 각 종족집단들은 자신들의 권리, 이익, 자치권을 강조하고 있다. 이러한 권리 주장 과정에서 주류 종족은 자신의 종교, 관습, 문화를 소수 종족에게 강요하거나 국가 이데올로기를 통해 통합과 동화를 추구하고 있기 때문에 종족갈등이 심각하게 표출되고 있다.[2] 다종족 국가 말레이시아에도 이러한 종족갈등이 내재해 있다.

다종족 · 다문화 국가 말레이시아에서 화인과 말레이인은 상이한 언어, 문화, 종교로 인해 이질감이 증폭되어, 복합적인 종족관계를 형성하고 있다. 특히 1969년 5월 선거결과로 잠재된 이러한 갈등이 소요사태로 이어져 종족갈등이 최고조에 이르렀다. 이번 종족 분쟁과 충돌로 인해 수백 명의 화인이 사망하였고, 말레이시아 정부는 종족갈등의 근본적 문제를 해결하고자 신경제정책(new economic policy)을 추진하게 된다. 화인사회에서 "5 · 13" 사건으로 불리는 유혈사태 이후, 화인과 말레이인의 종족관

1 김혜련(2015), "말레이시아 화인 디아스포라의 모국관계 연구", 『민족연구』 제61호, p. 81.

2 안승국(2013), "인도네시아 있어서 정부정책과 종족갈등관리", 『비교민주주의연구』 제9집 제2호, p. 74.

계는 대립(对抗)관계에서 점차 공존관계로 변모하고 있다. 이 연구는 바로 이러한 종족관계의 변화에 주목하여, 현재 말레이시아 화인과 말레이인의 종족관계 실태를 파악하고자 한다.

화인과 현지 원주민과의 종족관계는 화인 연구에서 간과해서는 안 되는 과제이다. 특히 말레이시아 화인과 말레이인의 종족관계는 거주국 사회 안정은 물론, 동남아 지역에서의 화인사회 발전, 나아가 동남아 국가와 모국인 중국과의 국제관계에도 영향을 미치는 중요한 사안이다.

이러한 맥락에서 제6장에서는 이주민과 원주민의 종족갈등에 초점을 맞추어, 2016년에 진행한 제2차 현지조사와 설문조사를 중심으로 말레이시아 화인과 말레이인의 종족관계를 체계적으로 분석하고자 한다. 구체적으로 언어 · 문화 교류, 사회갈등, 정치 · 경제협력 등을 통해 화인과 말레이인의 종족관계 현황을 분석하고, 나아가 이러한 종족관계를 형성하게 된 원인을 심층적으로 파악하고자 한다.

## 1. 디아스포라의 종족갈등

스토커(Stalker)가 지적했듯이, 전 세계 그 어떤 종족도 한 지역적 공간에만 붙박여 있는 것이 아니라,[3] 언제나 새로운 기회를 찾기 위해 또는 갈등과 빈곤, 환경재해에서 벗어나기 위해 이주를 선택하게 된다.[4] 경계를 넘나드는 인구의 이동은 문화 다양성의 증가, 정체성의 변화, 새로운 종족집단의 형성을 초래한다. 이러한 종족집단은 그들만의 언어를 사용하고, 문화적 특성을 유지하며, 종족별 집거지역의 성장, 종족단위의 결사체와

---

3 P.Stalker. *The No-Nonsense Guide to International Migration.* 김보영 옮김(2014), 『국제이주』, 서울: 이소출판사, p. 15.

4 Stephen Castles · Mark J.miller, 한국이민학회 옮김(2013), 『이주의 시대』, 일조각, p. 415.

단체설립을 통해 가시화된다.[5] 따라서 국제이주는 종종 갈등 및 충돌과 연결된다. 국경을 초월한 이주민은 현지에서 새로운 종족집단을 형성하며, 주류사회로 진출하는 과정에서 현지 원주민과 상이한 문화적 특성 및 이익충돌로 인해 갈등을 야기한다.

갈등(conflict)은 라틴어에서 유래된 개념으로, '서로 충돌하다'는 의미를 내포하며, 도덕적인 것보다 신체적 갈등을 의미했다.[6] 그러나 갈등 연구가 확산되면서 갈등의 정의에는 상호의존성이 포함되었다. 즉, 갈등은 충돌의 산물로, 상대방의 간섭 혹은 방해를 받아 자신의 필요와 이익을 충족시킬 수 없을 때 발생하는 것이다. 갈등은 잠재적인 상태로 머물기도 하고, 표면화되어 집단 사이의 실질적인 대립으로 표출되기도 한다. 개인 및 집단 사이의 불평등한 관계, 사회의 구조적 모순, 또는 개인 및 집단의 정체성과 세계관에 뿌리를 둔 갈등은 해결되지 않고 장기간 지속되는 경향이 있다.[7] 말레이시아 화인과 말레이인의 종족관계가 바로 이러한 장기간 지속되는 갈등이다.

다종족 국가에서 여러 종족들 간에 심각한 갈등이 발생하는 원인은 무엇인가? 종족 갈등의 원인에 관한 기존 이론은 본질주의(essentialism)와 도구주의(instrumentalism) 두 가지로 나눌 수 있다. 먼저 본질주의에 따르면, 여러 종족들이 한 사회 내에 공존할 경우, 언어와 종교 등의 차이로 인하여 필연적으로 갈등이 발생한다. 이때 각 종족별로 자신들의 이익을 대변하는 종족 정당이 자연스럽게 형성되며, 이러한 종족 정당들은 종족들 간

---

**5** Stephen Castles · Mark J.miller, 2013, p. 415.

**6** Wright, Quincy, "The nature of conflict," *Political research quarterly*, Vol.4, No.2(June 1951), p. 194; 이소영 · 누르보슨(2014), 「한국 이슬람권 이주민의 갈등 분석: 중앙아시아 및 남아시아 무슬림을 중심으로」, 『인문과학연구논총』 37호, p. 446. 재인용

**7** 정주진(2010), 『갈등해결과 한국사회: 대화와 협력, 통합을 통한 갈등해결은 가능한가?』, 서울: 아르케, p. 1.

의 갈등을 증폭시킨다.[8] 특히 이러한 종족들 간에 역사적으로 뿌리 깊은 적대관계가 내재할 때 갈등을 쉽게 해소되기 어렵다. 그러나 본질주의 이론은 과거에 심각한 종족갈등을 경험한 국가들 가운데 갈등과 충돌을 극복하고 평화를 되찾은 사례를 설명하기 어렵다. 그리고 같은 종족이라도 원주민과 이주민 간의 분쟁이 발생하는 이유도 설명하기 어렵다. 본질주의의 이러한 한계들을 극복하기 위해 도구주의 이론이 등장하였다. 도구주의의 논리에 따르면, 종족이란 인간 본성에 뿌리 깊이 내재된 것도 아니며, 필연적으로 갈등과 충돌을 유발하는 것도 아니다. 종족갈등은 늘 정치지도자들에 의해 정치적으로 동원된다. 그들은 자신들의 경제 · 정치적 이익을 도모하기 위한 도구로서 종족갈등을 의도적으로 이용한다.[9] 다시 말해, 도구주의 시각에 따르면 말레이시아 화인과 말레이인은 비록 유혈사태를 경험하였지만, 서로 다른 피부색, 언어, 문화, 종교로 인해 필연적으로 갈등이 유발되는 것이 아니다. 정부의 정책 개입과 화인 및 말레이인 사회의 노력으로 종족갈등은 완화되고 해결될 수 있다.

말레이시아 화인은 모국을 떠나 거주국에서 새로운 삶을 개척한 이주민으로서, 현지에서 상이한 언어 · 문화 · 종교를 접촉하고 주류사회로 진출하는 과정에서 원주민과의 이익충돌이 발생해 갈등을 야기한다. 종족갈등은 이질적인 문화 간의 접촉이 이루어질 때 나타나는 충돌 현상이다. 일상생활에서 경험하는 종족간의 갈등은 언어 · 종교 차이, 문화 부적응, 원주민으로부터의 차별, 사회관계 악화 등 다양한 현상으로 나타난다.[10] 따라서 화인과 말레이인의 종족관계를 연구함에 있어서 그들의 언어 · 문화 교류 상황, 사회관계, 차별경험, 정치 · 경제 협력 여부를 파악하는 것이 중

---

8 신재혁(2015), 「다종족 국가의 갈등요인과 통합정책: 빈곤과 정치적 배제가 종족갈등에 미치는 영향」, 『국제정치논총』 55권 1호, pp. 40-41.

9 신재혁(2015), pp. 40-41.

10 이소영 · 누르보슨(2014), p. 446.

요하다.

## 2. 대립에서 공존으로: 화인과 말레이인의 종족관계 실태

말레이시아 화인과 말레이인은 오랜 갈등관계를 유지해왔다. 영국 식민지시기 종족 분리 정책으로 인해 접촉이 빈번하지 않았던 화인과 말레이인은 일제시기의 종족 차별정책으로 인해 갈등이 심화되었다. 이러한 갈등은 1969년 유혈사태로 이어졌으며, 종족갈등이 최고조에 이르렀다. 유혈사태 이후, 말레이시아 연방정부는 종족 간의 갈등에 본격적으로 개입하면서 종족 간의 갈등을 완화하고자 하였다. 정부의 적극적인 종족갈등 완화 정책에 힘입어 화인과 말레이인의 종족관계는 점차 대립에서 공존 관계로 변모하기 시작하였다. 다음은 현재 말레이시아 화인과 말레이인의 종족관계 실태를 검토하고자 한다.

### 1) 언어 · 문화 교류

#### (1) 언어 교류

언어능력을 비롯한 의사소통 기술은 현지 거주국 사회로의 적응을 위한 필수도구이여, 거주국에서의 생활에 영향을 미치는 핵심 요인이다.[11] 아울러 이주민으로서의 화인이 거주국 현지 언어를 어느 정도로 구사하고 있는가는 그들이 말레이인과 교류 · 소통하여 원만한 종족관계를 유지하는 중요한 요인이기도 하다. 따라서 이 연구에서는 말레이시아 화인의 거

11 김혜련(2014), "인도네시아와 말레이시아 화인 디아스포라의 현지사회 정착과 화인정책 비교", 『평화학연구』 제15권 5호, p. 208.

주국 언어 수용도를 조사하기 위해 그들의 중국어 및 말레이어 의사소통 수준을 조사하였다.

말레이시아 화인의 중국어 수준을 조사한 결과, 〈표 6.1〉에서도 나타나듯이 응답자 중 35.5%(71명)가 '조금 잘함', 33.0%(66명)가 '매우 잘함'이라고 응답하였고, 1.0%(2명)가 '매우 못함', 1.5%(3명)가 '조금 못함'이라고 응답하였으며, '보통'이라고 응답한 화인이 29.0%(58명)으로 나타났다. 즉, 중국어를 '잘하는('조금 잘함'과 '매우 잘함' 포함)' 화인 비율(68.5%)이 '못하는('조금 못함'과 '매우 못함' 포함)' 비율(2.5%)보다 월등하게 높게 나타났다.

다른 한편, 말레이시아 화인의 말레이어 수준을 조사한 결과, 29.0%(58명)가 '조금 잘함', 14.5%(29명)가 '매우 잘함'이라고 응답하였고, 0.5%(1명)가 '매우 못함', 7.0%(14명)가 '조금 못함'으로 응답하였으며, '보통'이라고 응답한 화인이 49.0%(98명)로 나타났다. 즉, 말레이어를 '잘하는('조금 잘함'과 '매우 잘함' 포함)' 화인 비율(43.5%)이 '못하는('조금 못함'과 '매우 못함' 포함)' 비율(7.5%)보다 높게 나타났다. 이는 말레이시아 화인이 중국어를 능통하게 구사하고 있을 뿐만 아니라, 말레이시아 원주민의 언어인 말레이어도 능통하게 구사하고 있다는 것을 설명한다.

**표 6.1** 말레이시아 화인의 중국어 및 말레이어 수준

| 질문사항 | 매우 못함 | 조금 못함 | 보통 | 조금 잘함 | 매우 잘함 | 전체 |
|---|---|---|---|---|---|---|
| 중국어 수준 | 2(1.0) | 3(1.5) | 58(29.0) | 71(35.5) | 66(33.0) | 200(100) |
| 말레이어수준 | 1(0.5) | 14(7.0) | 98(49.0) | 58(29.0) | 29(14.5) | 200(100) |

주: 표 중의 숫자는 빈도, ( )의 숫자는 %

말레이시아 화인의 말레이어 언어 수용도를 조사하기 위해 그들의 말레이어 구사능력을 세부적으로 분석하였다. 조사결과, 〈표 6.2〉에서 나타나듯이 '나는 말레이어를 구사할 수 있다'라는 질문항목의 평균값이 4.37

로 높게 나타탔고, '중국어와 말레이어 두 언어로 모두 농담을 한다'라는 질문항목의 평균값이 3.93으로 나타났다. 이는 화인이 말레이어를 구사할 수 있을 뿐만 아니라, 말레이인과 자유롭게 의사소통을 할 수 있는 이중 언어를 장악하고 있다는 것을 의미한다. 다만, '나는 생각할 때 중국어뿐만 아니라, 말레이어로도 한다'라는 질문항목의 평균값은 3.00보다 낮은 2.99로 나타났다. 다시 말해, 말레이시아 화인은 말레이어보다 여전히 중국어를 더 능숙하게 구사하고 있으며, 일상생활에서도 중국어를 빈도 높게 사용하고 있다는 것이다.

**표 6.2** 말레이시아 화인의 언어수용도 평균 및 표준편차

| 질문항목 | 평균 | 표준 편차 | 빈도 |
|---|---|---|---|
| 나는 말레이어를 구사할 수 있다. | 4.37 | .788 | 198 |
| 나는 중국어와 말레이어 두 언어로 모두 농담을 한다. | 3.93 | 1.101 | 198 |
| 나는 생각할 때 중국어뿐만 아니라 말레이어로도 한다. | 2.99 | 1.223 | 199 |

말레이시아는 동남아시아 지역에서 화문(华文)교육이 가장 발달한 지역으로, 초등학교부터 중학교, 대학교에 이르기까지 완전한 화인교육체계를 형성하고 있다. 현재 말레이시아 화인의 초등학교 교육은 1,298개의 화인초등학교가 담당하고 있으며, 이러한 화인초등학교 중 417개의 학교가 유치원을 설립하고 있다. 또한 중학교 · 고등학교 교육은 62개의 화인독립중학교(独立中学)에서 담당하고 있고, 대학교 교육은 남방학원(南方大学学院), 신기원대학학원(新纪元大学学院), 한장학원(韩江学院)에서 담당하고 있다.[12] 이로 인해 말레이시아 화인들은 중국어에 능통하며, 일상생활에서도 중국어를 빈도 높게 사용하고 있다. 다른 한편, 화인은 말레이시아 국민으

12 刘世勇 · 武彦斌(2012), "马来西亚华文教育现状与发展策略", 『东南亚纵横』2012年第9期, p. 39.

로서 말레이어도 능숙하게 구사하고 있다. 말레이시아 화인학교는 중국어 · 말레이어 · 영어 교육을 병행하는 3중언어교육을 실행하고 있다. 따라서 말레이시아 화인은 말레이인과 자유롭게 교류 · 소통할 수 있으며, 말레이인과 공존하는 종족관계를 유지하는데 기반을 마련하였다.

### (2) 문화 융합

화인이 말레이인의 문화를 어느 정도로 이해 · 수용하고 있는가는 그들의 종족관계를 판단하는 중요한 척도 중의 하나이다. 화인은 말레이시아 3대 종족 중의 하나로서, 그들만의 공동체를 형성해 전통문화를 유지 · 보존하고 있다. 그러나 화인은 폐쇄된 공동체를 고수하고 있는 것이 아니라, 주류사회로 진출해 말레이인과의 문화 교류도 적극 추진하고 있다. 다음은 화인과 말레이인의 종족관계를 분석하기 위해 그들의 말레이인 문화 수용도를 조사하였다.

**표 6.3** 말레이시아 화인의 문화수용 관련 평균 및 표준편차

| 질문항목 | 평균 | 표준 편차 | 빈도 |
|---|---|---|---|
| 나는 말레이인의 문화(축제, 오락, 영화 등)에 관심이 많다. | 3.05 | .809 | 199 |
| 나는 말레이인의 음식을 좋아한다. | 3.71 | .769 | 198 |
| 나는 말레이인의 역사, 전통, 종교, 관습 등에 대해 잘 알고 있다. | 3.32 | .737 | 199 |

분석결과 〈표 6.3〉에서도 나타나듯이, '말레이인의 문화에 관심이 많다'라는 질문항목의 평균값이 3.05로 나타났고, '말레이인의 음식을 좋아한다'라는 질문항목의 평균값이 3.71로 높게 나타났으며, '말레이인의 역사, 전통, 종교, 관습 등에 대해 잘 알고 있다'라는 질문항목의 평균값이 3.32로 나타났다. 이는 말레이시아 화인이 말레이인 문화에 관심이 많고, 현지 원주민의 음식을 선호하며, 말레이인의 역사 · 전통 · 종교 · 관습에

대해 잘 알고 있는 것을 의미한다. 다시 말해, 오랜 현지적응 과정을 거쳐 화인은 비록 여전히 민족정체성을 유지하고 전통문화를 보존하고 있지만, 말레이인의 문화를 점차 수용하여 이중문화를 체화시키고 있다는 것을 설명한다. 이는 화인과 말레이인이 대립적인 종족관계에서 점차 공존할 수 있는 관계로 변화하는데 문화적 기반을 마련한 것이다.

### 2) 사회갈등 완화

#### (1) 사회관계

말레이시아 화인과 말레이인의 종족관계를 파악하기 위해 그들의 사회관계 및 차별경험을 조사하였다. 분석결과 〈표 6.4〉에서 나타나듯이, '화인 친구와 말레이인 친구 모두와 친하다'라는 질문항목의 평균값이 3.39로 나타났고, '화인이든 말레이인이든 함께 있을 때 모두 편안하다'라는 질문항목의 평균값이 3.62로 나타났다. 또한 '말레이인과 필요할 때 서로 도움을 주고 받는다'라는 질문항목의 평균값이 3.55로 나타났고, '말레이인과 경조사가 생기면 서로 축하나 위로해준다'라는 질문항목의 평균값은 3.22로 나타났다. '화인과 말레이인들은 모두 나를 가치있게 생각한

**표 6.4** 화인과 말레이인의 사회관계 관련 평균 및 표준편차

| 질문항목 | 평균 | 표준 편차 | 빈도 |
|---|---|---|---|
| 나는 화인 친구들과 말레이인 친구 모두와 친하다. | 3.39 | .924 | 199 |
| 나는 화인이든 말레이인이든 함께 있을 때 모두 편안하다. | 3.62 | .827 | 198 |
| 나는 말레이인들과 필요할 때 서로 도움을 주고받는다. | 3.55 | .891 | 199 |
| 나는 말레이인들과 경조사가 생기면 서로 축하나 위로해준다. | 3.22 | 1.014 | 199 |
| 화인과 말레이인들은 모두 나를 가치 있게 생각한다. | 3.56 | .810 | 197 |
| 말레이인들은 나를 평등하게 대해 준다. | 3.20 | .839 | 199 |
| 나는 말레이인들과 오락, 취미생활, 쇼핑 등 여가 활동을 함께 한다. | 2.73 | 1.038 | 199 |

다'라는 질문항목의 평균값은 3.56으로 나타났으며, '말레인들은 나를 평등하게 대해준다'라는 질문항목의 평균값이 3.20으로 나타났다. 다만, '말레이인과 오락, 취미생활, 쇼핑 등 여가 활동을 함께 한다'라는 질문항목의 평균값이 3.00보다 낮은 2.73으로 나타났다. 즉, 말레이시아 화인은 말레이인과 친구로 지내고 있고, 편안한 관계를 유지하고 있으며, 그들은 경조사가 생기면 서로 축하 위로해주고, 필요할 때 서로 도움을 주고받는다. 또한 말레이인이 화인을 평등하게 대해주고, 가치있는 사람으로 인정하고 있는 등 비교적 조화로운 사회관계를 유지하고 있는 것으로 나타났다.

### (2) 차별경험

말레이시아 화인과 말레이인의 사회갈등을 분석하기 위해 화인의 차별경험을 조사하였다. 분석결과, 아래 도표에서도 나타나듯이 '말레이인으로부터 화인을 비하하는 말을 들은 적 있다'라는 질문항목의 평균값이 3.40으로 나타났다. 그러나 '말레이인으로부터 차별받은 적 있다'라는 질문항목의 평균값은 3.00보다 낮은 2.31로 나타났으며, '말레이인과 충돌한 적 있다'라는 질문항목의 평균값이 2.01로 낮게 나타났다. 또한 화인과 말레이인은 갈등이 심각하다'라는 질문항목의 평균치가 2.82로 나타났다. 이는 말레이시아 화인이 말레이인으로부터 '지나(支那)' 등을 비롯한 비하 발언을 들은 적 있지만, 이를 차별경험으로 범주화시키지 않고, 종족갈등

**표 6.5** 화인과 말레이인의 갈등 관련 평균 및 표준편차

| 질문항목 | 평균 | 표준 편차 | 빈도 |
|---|---|---|---|
| 나는 말레이인으로부터 화인을 비하하는 말을 들은 적 있다. | 3.40 | 1.101 | 199 |
| 나는 말레이인으로부터 차별받은 적이 있다. | 2.31 | 1.115 | 199 |
| 나는 말레이인과 충돌한 적이 있다. | 2.01 | .898 | 197 |
| 화인과 말레이인은 갈등이 심각하다. | 2.82 | 1.010 | 198 |

이 심각하다고 받아들이지 않는다는 것을 의미한다.

마지막으로 '화인과 말레이인의 종족관계는 좋다'라는 질문항목의 설문조사 결과, 2.5%(5명)가 '전혀 그렇지 않다'라고 응답하였고, 12.7%(25명)가 '그렇지 않다'고 응답하였다. 반면에 '그렇다'고 응답한 화인은 27.4%(54명)이었고, 1.5%(3명)가 '매우 그렇다'고 응답하였다. 다시 말해, 화인과 말레이시아의 종족관계가 좋다고 응답한 화인 비율(28.9%)이 그렇지 않은 비율(15.2%)보다 높게 나타난 것이다. 이는 현재 화인과 말레이인의 종족관계는 대립 관계가 아니라, 공존할 수 있는 종족관계로 발전했다는 것을 의미한다.

**표 6.6** 화인과 말레이인의 종족관계 관련 빈도분석

| 질문사항 | 전혀 그렇지 않다 | 그렇지 않다 | 보통이다 | 그렇다 | 매우 그렇다 | 전체 |
|---|---|---|---|---|---|---|
| 빈도(명) | 5 | 25 | 110 | 54 | 3 | 197 |
| 비율(%) | 2.5 | 12.7 | 55.8 | 27.4 | 1.5 | 100 |

### 3) 정치 · 경제 협력

말레이시아 국가 내부의 종족갈등은 주로 화인과 말레이인 두 종족간의 갈등과 충돌이다. 1969년 이후 정부의 의도적 정책 개입과 화인사회의 노력으로 인해 현재 두 집단의 종족관계는 기존의 대립에서 점차 공존 관계로 탈바꿈하고 있다. 이러한 변화는 그들의 정치 협력에서도 잘 나타난다.

우선, '화인과 말레이인은 정치협력을 해야 한다'라는 질문항목의 설문조사 결과 1.5%(3명)가 '전혀 그렇지 않다'라고 응답하였고, 2.0%(4명)가 '그렇지 않다'라고 응답하였다. 또한 응답자 중 47.5%(95명)가 '그렇다'로 응답하였으며, 30.5%(61명)가 '매우 그렇다'라고 응답하였다. 즉, 응답자 중 78.0%(156명)가 화인이 말레이인과 정치협력을 해야 한다고 응답하

였다. 이는 말레이시아 화인이 말레이인과의 정치협력을 선호한다는 것을 의미한다.

**표 6.7** 화인과 말레이인의 정치협력

| 질문사항 | 전혀 그렇지 않다 | 그렇지 않다 | 보통이다 | 그렇다 | 매우 그렇다 | 전체 |
|---|---|---|---|---|---|---|
| 빈도(명) | 3 | 4 | 37 | 95 | 61 | 200 |
| 비율(%) | 1.5 | 2.0 | 18.5 | 47.5 | 30.5 | 100 |

정치협력과 달리, 말레이시아 화인과 말레인의 경제협력은 여전히 활성화되어 있지 않는 것으로 나타났다. 설문조사 결과, '나는 말레이인과 경제협력을 하고 있다'라는 질문항목에 대해 31.5%(63명)가 '전혀 그렇지 않다'라고 응답하였고, 35.0%(70명)가 '그렇지 않다'라고 응답하였으며, 16.0%(32명)가 '그렇다', 4.5%(9명)가 '매우 그렇다'라고 응답하였다. 즉, 66.5%(133명)의 응답자가 말레이인과 경제협력을 하지 않는다고 응답한 것이다. 이는 화인과 말레이인의 경제협력은 여전히 활발하게 이루어지지 않고 있다는 것을 의미한다.

**표 6.8** 화인과 말레이인의 경제협력

| 질문사항 | 전혀 그렇지 않다 | 그렇지 않다 | 보통이다 | 그렇다 | 매우 그렇다 | 전체 |
|---|---|---|---|---|---|---|
| 빈도(명) | 63 | 70 | 26 | 32 | 9 | 200 |
| 비율(%) | 31.5 | 35.0 | 13.0 | 16.0 | 4.5 | 100 |

## 3. 말레이시아 종족관계의 영향 요인

설문조사에서 나타나듯이 말레이시아 화인과 말레이인의 종족갈등은 여전히 존재하지만, 기존의 팽팽한 대립관계에서 점차 공존하는 관계로 발전하고 있다. 이러한 종족관계의 변화는 정부 정책, 화인의 정치참여 활성화, 화인의 현지문화 융합 등에서 기인된다.

### 1) 정부의 종족갈등 완화 정책

다종족 · 다문화 국가 말레이시아는 국내 종족집단을 부미푸트라(Bumiputra)와 비부미푸트라(Non-bumiputra)로 구분하고 있다. 부미푸트라는 말레이 토착민을 뜻하며, 말레이인과 토착민을 아우르는 말로서 영국 식민지 이전부터 꾸준히 말레이시아 지역에 거주한 원주민이다. 비부미푸트라는 영국 식민정책의 일환으로 노동력을 충원하기 위해 중국과 인도에서 유입한 이주민을 가리키며, 그들은 비원주민으로 구분되었다.[13] 말레이시아 국내에서 가장 주요한 종족갈등은 바로 원주민으로 구분되는 말레이인과 이주민에 해당되는 화인의 갈등이다.

1969년 종족 간 유혈사태의 직접적인 도화선은 총선 결과였지만, 근본적인 문제점은 빈곤과 종족 간 경제 불균형으로 인한 갈등이었다.[14] 말레이시아에서 화인은 다른 종족에 비해 경제적인 우위를 차지하고 있다. 그들은 식민지시기 영국정부와 말레이인의 중개인 역할을 담당해 점차 국가경제를 장악하게 되었다. 화인과 원주민의 이러한 경제적 격차를 축소하기 위해 말레이시아 정부는 1971년부터 1990년까지 부미푸트라(Bumiputra)를 우대하는 신경제정책을 실행하게 된다.[15] 신경제정책의 가장 주요한 목적은 정부 개입을 통해 종족 간의 경제 차이를 줄여 빈부격차를 완화함으로써 말레이시아 민족갈등을 최소화하는 것이다. 말레이시아 정부

---

**13** 김종업 · 최종석(2011), "말레이시아 종족간의 갈등 원인과 현황 연구: 신경제정책과의 연관성을 중심으로", 『社會科學論叢』 제42집 1호, p. 42.

**14** 김종업 · 최종석(2011), p. 46.

**15** 김혜련(2014), p. 217.

는 모든 범주의 산업 활동과 상업에 부미푸트라를 참여시키는 방식으로 종족 간의 빈부 격차를 줄여 사회통합을 실현하고자 하였다.[16] 20년 동안 시행된 신경제정책은 절대적인 빈곤을 타파하고 말레이시아 경제발전에 기여한 것은 부정할 수 없으나, 지나친 부미푸트라 우대정책은 경제성장에 제약이 되기도 하였다. 특히 말레이인을 우대하기 위한 정부의 과도한 정책은 화인의 투자 감소와 박탈감으로 이어져 새로운 종족갈등으로 확대 재생산되기도 하였다.[17]

신경제정책을 기반으로 말레이시아는 급속한 경제성장을 이루었지만, 말레이인을 비롯한 부미푸트라에게 많은 특혜를 부여하는 차별정책으로 인해 종족갈등이 고조되었다. 날로 격화되는 종족갈등을 완화하고자 말레이시아 정부는 1991년 '비전2020'이라는 새로운 국가 발전 전략을 제시하게 된다. 말레이시아의 상징이라고 할 수 있는 '비전2020'의 '말레이시아인을 위한 말레이시아' 슬로건에는 다문화, 다종족, 다종교인 말레이시아가 다름을 버리고 하나가 되어야 한다는 국가통합 이념이 내포되어 있다. 다시 말해, "부미푸트라와 비부미푸트라를 구분하지 않고 누구든지 열심히 일하면 일한만큼 대우를 받아야 한다"는 논리가 말레이시아 정치 변화의 방향이 되고 있는 것이다. 특히 새로운 국가발전 전략에는 다양한 종족을 아우르고, 원주민과 이주민이 상생하는 의미가 내포된 '말레이시아족(马来西亚族)'을 조성해야 한다는 내용이 포함되어 있다. 정부의 이러한 포용정책은 종족갈등을 완화하는 역할을 하였으며, 화인사회의 적극적인 지지를 받았다. 더불어 1993년부터는 시민교육을 통해 '신말레이인(新马来人)' 양성을 강조함으로써, 화인을 비롯한 기타 종족에 대한 차별과 배제를 약화시키고자 하였다. 정부의 이러한 일련의 갈등 완화 정책은 말레

16 송준수(2010), "말레이시아 화인 디아스포라의 현지적응 실태조사 연구: 쿠알라룸프르 화인 디아스포라를 중심으로", 전남대학교 석사학위논문, pp. 31-39.

17 김종업 · 최종석(2011), p. 52.

이인과 다른 종족이 공존할 수 있는 사회적 기반을 마련하였다.

### 2) 화인의 정치참여 활성화

말레이시아 화인이 현지사회에 완전히 편입되거나 동화되지 않고, 원주민과 공존할 수 있는 것은 그들이 적극적으로 정치활동에 참여하여 원주민과 균형을 이룬 세력관계를 형성하였기 때문이다. 말레이시아 정부는 종족갈등을 완화하기 위해 효과적인 정당정책으로 화인의 정치활동을 허용하였다. 화인은 자유롭게 정치활동에 참여할 수 있고, 화인의 이익을 대변하는 정당을 설립할 수 있었으며, 선거권과 피선거권이 법적보호를 받았다.

1949년 2월 27일에 설립된 말레이시아화인연합(Malaysian Chinese Association, 马华公会)은 말레이시아에서 가장 대표적인 화인 정당이며, 이 외에도 민정당, 민주행동당 등 화인 정당이 있다.[18] 이러한 화인 정당과 정치인은 그들의 이익을 대변하고 정치의견을 반영하였으며, 또한 말레이인과 화인의 조화로운 종족관계를 위해 다양한 노력을 하였다.[19] 화인 정당은 말레이시아 정부와 화인사회의 모순을 조정하고 갈등을 완화하는 중개인 역할을 담당하고 있을 뿐만 아니라, 화인과 원주민이 서로 소통하고 이해를 증진하는 장을 마련하였다. 말레이시아 정부는 화인 정치인과 화인 정당을 통해 화인사회의 현황 및 정치적 욕구를 파악하며, 이를 기반으로 실효성 있는 정책을 제정한다. 화인의 정치적 의견과 수요를 충분히 수렴한 효과적인 정책 제정은 말레이시아 종족 간의 갈등을 완화하고 사회 안정

18 廖小建(2008), "马来西亚华人经济的发展与影响", 『亚太经济』2008年第3期, pp. 34-35.

19 김혜련(2014), pp. 215-216.

을 도모하는데 적극적인 영향을 미쳤다.[20] 따라서 종족 간의 갈등과 모순이 격화되기 전에 말레이시아 정부는 화인정당을 통해 분쟁을 효과적으로 해결할 수 있었다.

더불어 화인은 현지 주류사회에 진출하고, 말레이인과 공존할 수 있는 종족관계를 유지하기 위해 말레이인과의 정치 협력을 적극적으로 추진해왔다. 화인과 말레이인의 정치 협력은 1950년대부터 시작되었다. 1952년 화인정당 말레이시아화인연합(MCA)은 제1여당인 연합말레이국민조직당(UNMO)과 연합하여 쿠알라룸푸르 지방선거에서 승리함으로써 정치 협력의 성공사례를 보여줬다. 그 이후 화인정당은 말레이인, 인도인 정당과 적극적으로 협력함으로써 화인의 정치적 지위를 향상시키기 위해 노력해왔다. 비록 말레이시아 화인의 정치적 지위는 말레이인에 비해 여전히 취약한 실정이지만, 동남아 지역 다른 국가에 비해서는 화인이 정치 세력화에 성공한 전형적인 사례이다. 요컨대 화인이 정치활동에 적극적으로 참여하여 그들의 정치욕구를 표출함으로써 말레이시아의 정치세력으로 성장한 것은 원주민인 말레이인과 공존하는 종족관계를 유지할 수 있는 핵심요인 중의 하나이다.

### 3) 현지 문화와의 교류 · 융합

말레이시아는 말레이인 · 화인 · 인도인을 비롯한 20여개의 종족으로 구성된 다종족 · 다문화 국가로, 전체 인구는 3,094만 명에 이른다. 화인 문화는 말레이시아 3대 주류 문화 중의 하나로, 중화문화를 기반으로 한 전통문화를 유지 · 보존한 동시에 현지 문화도 적극 수용하였다. 특히 1990년대 이후, 말레이시아 화인은 말레이인과의 종족갈등을 완화하기

---

20 김혜련(2014), p. 216.

위해 현지 문화와의 교류 · 융합을 적극 추진하였다. 가장 대표적인 것이 바로 1984년부터 해마다 개최되고 있는 '말레이시아 화인문화축제'이다.

말레이시아 독립 이후부터 1990년까지 정부는 꾸준히 말레이인을 우대하는 정책을 시행하여 화인사회 발전을 제한하였다. 화인문화축제는 바로 이러한 차별정책에 반해, 화인의 민족문화를 유지하고 계승하기 위해 개최되었다. 초기 9차례의 화인문화축제는 모두 '중화 전통문화 계승'을 목표로 화인사회 내부에서만 축제활동을 진행하였다. 그러나 1990년대 이후, 정부의 차별정책이 완화되자 화인문화축제의 취지에도 변화가 나타났다. 그들은 '전통문화 계승, 현지문화 교류'를 대주제로 삼아 현지 다른 종족과의 문화교류를 적극 추진하였다.

1993년 10월에 개최된 제10회 화인문화축제부터 주최 측은 해마다 말레이인을 비롯한 다른 종족 주민들을 축제에 초청해 함께 행사에 참여하였다. 화인문화축제에서는 화인 문화 특색을 나타내는 공연, 전시회를 개최하는 동시에 화인 관련 특강, 좌담회, 학술회의를 개최함으로써 학술적으로 화인문화를 접근하고 홍보하기도 한다. 더불어 사자춤(舞狮), 등롱축제(灯会), 용선 경주(赛龙舟) 등 다양한 전통문화 활동을 통해 현지 원주민과의 문화교류를 강화하였다. 30여 년 동안 개최된 화인문화축제는 더는 화인들만의 축제가 아니라, 화인과 말레이인을 비롯한 기타 종족이 함께 참여하고 어울리는 다문화 축제로 자리매김하였다. 화인과 말레이인의 이러한 문화 교류와 융합은 종족갈등을 완화하는데 중요한 역할을 담당하였다.

## 4. 소결

세계화 현상으로 국경을 넘어 이주하는 사람들의 수가 증가하자, 이주민과 원주민의 종족갈등 문제는 이제 더 이상 특정 국가만의 현상이 아니라, 많은 국가들이 간과해서는 안 되는 문제점이 되고 있다. 중국의 역사에서 배출한 화인 디아스포라는 민족적 정체성을 바탕으로 거주국 정착에 성공한 대표적인 이주민 집단이다. 특히 다종족 · 다문화국가 말레이시아에서 그들은 경제적 우위와 활발한 정치활동을 기반으로 주류사회에 진출하고 있다.

단일민족국가 한국과 달리, 말레이시아 · 인도네시아를 비롯한 동남아시아 국가는 다양한 종족으로 구성되어 있어 갈등과 분쟁이 잦은 편이다. 말레이시아 독립 이후, 종족 간의 경제 불균형과 빈곤으로 인해 종족 유혈사태를 겪은 말레이시아는 종족 갈등을 완화하기 적극적인 조치를 강구하였다.

이러한 배경 하에 이 연구는 이주민과 원주민의 종족갈등에 초점을 맞추어 현지조사와 설문조사를 중심으로 말레이시아 화인과 말레이인의 종족관계 실태를 분석하였다. 연구결과, 현재 화인과 말레이인의 종족관계는 기존의 대립관계에서 점차 공존관계로 발전하고 있는 것으로 나타났다. 구체적으로 첫째, 말레이시아의 화인은 원주민의 언어인 말레이어를 능통하게 구사함으로써 원주민과 자유롭게 교류 소통하는 것으로 나타났다. 또한 말레이인의 문화에 관심이 많고, 말레이인의 역사 · 전통 · 관습을 잘 알고 있는 등 현지 문화를 적극 수용하고 있다. 둘째, 말레이시아 화인은 말레이인과 친구로 지내고 있고, 편안한 사회관계를 유지하고 있으며, 말레이인이 그들을 평등하고 가치 있게 대해주며, 필요할 때 서로 도움을 주고받는 등 비교적 조화로운 사회관계를 유지하고 있다. 또한 화인의 차별경험은 많지 않은 것으로 조사되었으며, 말레이인과의 충돌을 심각하게 받아들이지 않는 것으로 조사되었다. 셋째, 정치 · 경제 협력 영역에서 말레이시아 화인과 말레이인은 비록 경제영역에서의 협력은 미흡하지만, 정치협력을 적극 추진하고 있는 것으로 나타났다. 다시 말해, 1969년의 소요사태 이후 말레이시아 화인과 말레이인의 종족관계는 기존의 충돌 대립관계에서 점차 공존 관계로 발전하고 있다는 것이다.

말레이시아 종족관계의 이러한 변화는 다양한 요인에 의해 결정되었다. 우선, 말레이시아 정부는 종족 간의 빈부격차를 완화하기 위해 부미푸트라를 우대하는 신경제정책을 시행하였으며, 새로운 종족갈등이 야기되자 '비전2020'이라는 국가전략을 제시해 종족간의 갈등을 완화시켰다. 정부의 적극적인 정책 개입은 말레이시아의 종족관계를 완화한 핵심요인 중의 하나이다. 다음, 말레이시아 화인은 정치활동에 적극적으로 참여하여 그들의 정치욕구를 표출함으로써 그들만의 민족정체성을 고양하는 동시에 말레이인과의 평등한 종족관계를 유지하였다. 화인의 정치 세력화는 말레이시아의 공존하는 종족관계를 형성하는데 정치적 기반을 마련하였다. 마지막으로, 말레이시아 화인은 화인문화축제를 비롯한 행사를 통해 적극적으로 기타 종족과의 문화 교류를 활성화시켰으며, 현지문화와의 융합을 추진하였다. 정부의 정책 개입과 화인사회의 노력에 힘입어 말레이시아의 종족관계는 현재의 공존관계로 발전할 수 있었던 것이다.

# VIII

# 말레이시아 화인과 모국의 관계*

* 제7장 "말레이시아 화인과 모국의 관계"는 김혜련(2015), "말레이시아 화인 디아스포라의 모국관계 연구", 『민족연구』 제61호, pp. 80-99를 인용함.

말레이시아 화인은 비록 말레이시아 국민으로서 확고한 국가정체성을 나타내고 있으나, 여전히 모국어를 능통하게 구사하고 있으며, 민족문화와 민족정체성을 유지 · 계승해오고 있다. 이를 기반으로 말레이시아 화인은 여전히 모국인 중국과 밀접한 연계를 이어오고 있다. 즉 말레이시아 화인은 모국과 거주국 사이에 걸쳐있는 '경계인'으로서 거주국에서 성공적으로 정착했을 뿐만 아니라, 모국과의 연계도 여전히 유지하고 있는 것으로 나타났다. 제2차세계대전 전후, 말레이시아 화인은 모국의 정치적 변화에 적극 참여하여 항일활동을 지원하였으며, 1949년 중화인민공화국 수립 이후에는 모국건설에 경제적 지원과 투자를 아끼지 않았다. 더불어 현지 거주국에서 화문학교를 설립하여 중국어 교육을 강화시킴으로써 모국과의 문화적 연계를 이어왔으며, 1974년 양국 수교이후에는 경제, 문화적 연계는 물론 인적교류도 활발하게 이루어지고 있다.

이러한 맥락에서 제7장에서는 디아스포라와 모국의 연관성이라는 문제의식을 가지고, 2014년에 진행한 제1차 설문조사를 중심으로 말레이시아 화인 디아스포라와 모국과의 관계를 체계적으로 분석하고자 한다. 구체적으로 화인 디아스포라의 민족정체성과 모국어, 모국문화 보존 실태를 통해 그들의 모국지향성을 파악하고, 나아가 말레이시아 화인의 모국관계 유지 실태를 검토함으로써 말레이시아 화인과 모국의 연관성을 규명하고자 한다.

## 1. 디아스포라의 '집합적 기억'과 모국 연계

말레이시아 화인 디아스포라가 모국인 중국과 어떤 관계를 유지하고 있는가를 검토하기 위해서는 디아스포라 모국관계에 대한 이론적 검토가 선행되어야 한다. 다음은 디아스포라의 '집합적 기억', 모국지향성 및 모국관계에 대한 이론을 구체적으로 살펴보도록 하겠다.

스토커(Stalker)가 지적했듯이, 지구상의 그 어떤 민족도 한 공간에서만 붙박여 있는 것이 아니라, 다양한 요인의 상호작용으로 인해 이주를 선택하게 된다. 국제이주가 활성화됨에 따라 민족분산 혹은 민족이산이라는 의미가 내포된 디아스포라 개념이 부각되고 있다. 디아스포라는 흩어진 민족을 지칭하는 용어로 최근에는 국제이주, 이주노동자, 민족정체성, 문화공동체, 문화변용 등을 아우르는 포괄적 개념으로 사용되고 있다.

사프란(Safran)은 디아스포라의 특징을 6가지로 정의하고 있다. 즉, 선조가 원거주지로부터 둘 또는 그 이상의 외국으로 분산된 이산성, 원래의 모국 땅에 대한 집합적 기억, 또한 거주국에서 완전히 수용되지 못하는 고립감과 소외감, 궁극적으로 고향으로 돌아갈려는 귀환의식, 모국의 안전과 번영을 위해 힘을 이바지하는 집단적 헌신 정신, 그리고 모국과의 관계에서 연대를 중요시하는 것이다.[1] 다시 말해, 디아스포라는 초국가적 활동을 영위한 이주민 집단으로서, 모국에 대한 집합적 기억을 공유하고 있을 뿐만 아니라, 모국과의 연대를 유지하는 의지를 가지고 있다. 디아스포라가 모국을 떠나 전 세계 어느 지역에서 생활하고 있다고 할지라도, 모국에 대한 기억과 연대는 쉽게 단절되지 않는다.

모국에 대한 '집합적 기억'은 자신 또는 선조의 고향으로부터 파생된 심리적 유대이다. 이러한 유대로 인해 디아스포라는 모국과의 연계를 유지하게 되며, 모국의 언어를 습득하고 전통문화를 계승하는 등 방식으로 모국과의 연관성을 구축하게 된다. 디아스포라에게 있어서 모국사회는 그들을 지탱하는 든든한 버팀목 역할을 하게 되며, 다른 한편 모국과의 연계를 구축하는 것은 모국에 대한 기억을 강화하는 수단이기도 하다.

---

1 William Safran, *Diaspora in modern societies: Myths of homeland and return.* Diaspora1(1), 1991.

디아스포라집단이 모국에 대한 '집합적 기억'을 공유하고, 모국과의 관계를 유지하는 것은 다양한 형식으로 표출된다. 우선, 민족정체성 유지는 모국과의 연계를 지속하는 전제조건이다. 정체성은 개인이나 집단의 존재를 주변세계와의 연관 속에서 규정하고 설명하는 용어로, 민족정체성은 특정 민족이 가지는 고유특성이나 민족의 일원으로서의 소속의식을 지칭한다.[2] 따라서 거주국에서 민족정체성을 유지하고, 이를 기반으로 민족공동체를 구성하는 것은 모국과의 연대를 강화하는 방식 중의 하나이다. 다음, 모국어를 사용하고 모국문화를 보존하는 것도 모국과의 유대를 강화하는 수단이다. 모국 언어 구사능력은 모국과의 연대를 강화하는 필수도구이며, 디아스포라가 모국과의 연관성을 판단하는 중요한 기준이다. 디아스포라는 모국어를 사용함으로써 모국과의 네트워크를 구축하고 소속감을 느끼게 된다. 더불어 전통명절, 민족문화로 나타나는 모국 문화 계승은 디아스포라 집단이 거주국에서 모국에 대한 '집합적 기억'을 상징화하는 방식 중의 하나이다. 그들은 선조로부터 계승한 풍습과 문화를 보존함으로써 모국에 대한 기억을 공유하고 구체화시킨다. 마지막은 모국과의 직 · 간접적 교류와 연대이다. 모국과의 연대는 다양한 분야에서 표출된다. 예컨대 모국과의 인적 왕래, 정치 · 경제 · 사회 · 문화적 교류 등이다. 거주국에서 민족정체성을 유지하고, 모국어를 사용하며, 모국문화를 발전시키는 것은 모국과의 연계를 간접적으로 유지하는 것이라면, 모국과의 정치 · 경제 · 사회 · 문화적 교류는 직접적으로 네트워크를 구축하여 모국과의 관계를 강화하는 것이다.

디아스포라는 모국과 거주국 사이에 '끼어있는' 존재로서, 현지적응을 통해 거주국 주류사회에 진출하려고 노력하는 동시에 모국의 언어를 습득하고, 전통문화를 계승하며, 더불어 모국에 있는 가족과 빈번하게 왕래

2 정영훈(2010), "민족정체성, 그리고 한민족의 민족정체성", 『민족학연구』 제9권 제1호, p. 3.

함으로써 모국과의 연대를 유지하는 이중적 양상을 나타낸다. 거주국에서의 현지화와 모국과의 유대 증진은 서로 충돌되는 것이 아니라, 디아스포라가 초국가적 활동을 영위하고 글로벌 네트워크를 구축하는데 도움이 되며, 더불어 그들이 세계화시대에 부합되는 초국가적 집단으로 부상하는 전략이기도 하다.

제7장에서는 말레이시아 화인사회와 모국인 중국과의 연관성을 규명하는 것이 목적이다. 이러한 목표를 실현하기 위해 우선 말레이시아 화인사회의 현황, 즉 민족정체성 유지 실태, 모국어 및 모국문화 보존 현황을 살펴봄으로써 화인사회의 모국지향성을 검토하고자 한다. 디아스포라집단의 모국지향성이 강할수록 모국과의 연계는 밀접하게 나타나며, 모국지향성이 약할수록 모국과의 연계는 미약하다. 더불어 이러한 모국지향성을 기반으로 화인사회와 모국과의 연관성을 정치적 연계, 경제적 연계, 나아가 사회 · 문화적 연계로 나누어 체계적으로 분석하고자 한다. 이를 도식화하면 아래 〈그림 7.1〉과 같다.

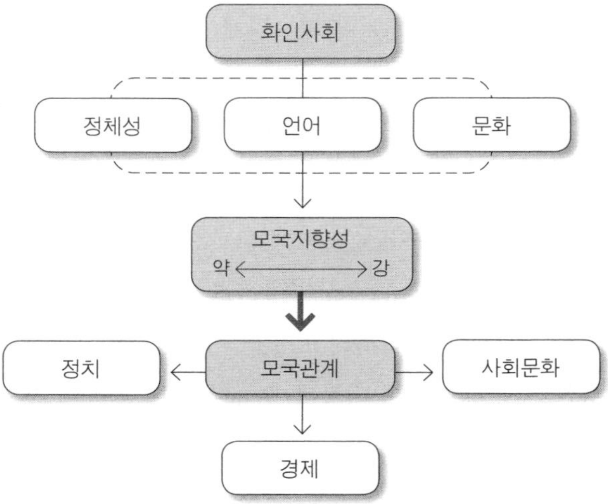


**그림 7.1** 말레이시아 화인과 모국의 관계 분석틀

## 2. 말레이시아 화인의 모국지향성

말레이시아 화인과 모국과의 연관성을 규명하기 위해서는 그들이 거주국에서 어느 정도로 모국적인 요소를 유지하고 있는가를 분석해야 한다. 모국적인 요소를 많이 유지하고 모국지향성이 강할수록 화인과 모국과의 관계는 더욱 밀접하다. 다음은 설문조사를 통해 말레이시아 화인의 민족정체성과 모국어, 모국 문화 보존 실태를 검토함으로써 그들의 모국지향성을 살펴보았다.

### 1) 민족정체성

국가의 장벽이 무너지고 초국적 행위자의 활동이 빈번해짐에 따라 행위자들의 상호 연관성도 심화되고 있다. 디아스포라는 자신들이 정착한 거주국과 새로운 관계를 형성하고 있지만, 모국과의 연결을 유지함으로써 두 국가 모두를 포함하는 초국가적 삶을 살게 된다. 모국과의 연계에서 가장 핵심적인 요인 중의 하나가 바로 민족정체성이다. 민족정체성이 강할수록 디아스포라집단의 모국지향성은 강하게 나타나며, 더불어 모국과의 연계도 더욱 밀접해진다. 말레이사아 화인의 모국지향성을 판단하기 위해 그들이 거주국에서 유지하고 있는 민족정체성 현황을 살펴보았다.

민족정체성 관련 질문항목의 평균을 살펴본 결과, 〈표 7.1〉에서 나타나듯이 평균값이 높게 나타난 것은 '중국인의 후손이라는 것이 자랑스럽다', '중국 전통명절을 잘 지킨다', '화인으로서 중국문화를 유지해야 한다', '중국 영화나 드라마를 즐겨본다', '화인 친구들과 만나고 어울리는 것이 좋다', '화인사회단체에 강한 소속감을 느낀다' 등이다. 즉, 말레이시아 화인은 거주국의 소수민족으로서 민족정체성을 잘 유지하고 있는 것으로 나타났다. 다른 한편, '화인과 기타 종족 간의 통혼을 장려해야 한다'라는 질

**표 7.1** 말레이시아 화인 민족정체성 관련 평균 및 표준편차

| 질문항목 | 평균 | 표준 편차 | 빈도 |
|---|---|---|---|
| 나는 중국인의 후손이라는 것이 자랑스럽다. | 3.96 | .677 | 114 |
| 나는 중국 전통명절(춘절, 중추절, 단오 등)을 잘 지킨다. | 3.60 | .761 | 114 |
| 나는 화인들이 중국문화를 유지해야 한다고 생각한다. | 3.87 | .735 | 114 |
| 나는 중국 영화나 드라마를 즐겨본다. | 3.14 | .901 | 114 |
| 나는 화인 친구들을 만나고 어울리는 것이 좋다. | 3.37 | .934 | 114 |
| 나는 화인 사회단체(협회, 동향회 등)에 강한 소속감을 느낀다. | 3.50 | .885 | 114 |
| 나는 화인과 기타 종족 간의 통혼을 장려해야 한다고 생각한다. | 2.74 | .883 | 114 |

문항목에서는 평균이 2.74로 나타나, 말레이시아 화인이 종족 간 통혼보다는 여전히 화인 간의 결혼을 지지하고 있는 것으로 나타났다. 이는 화인이 비록 거주국 국적을 취득해 말레이시아 주류사회 구성원으로 성장하였으나, 여전히 화인으로서의 민족적인 요소를 강하게 표출하고 있다는 것을 설명한다.

말레이시아 화인이 강한 민족정체성을 유지하고 있는 것은 다양한 요인이 상호작용한 결과물이다. 다민족국가 말레이시아에서 가장 큰 민족 집단은 말레이시아인, 화인, 인도인이다. 말레이시아 정부는 원주민과 화인의 경제적 불균형 문제를 해결하기 위해 여러 민족을 부미푸트라(Bumiputra)과 비부미푸트라(Non-Bumiputra)으로 구분하여 원주민을 우대하는 신경제정책을 추진하였다. 이러한 차별정책에 대응하기 위해 화인들은 그들만의 정당을 설립하고 언론사를 운영하며, 적극적으로 민족교육을 발전시켜 화인공동체를 형성하기 시작하였다. 따라서 화인의 민족정체성은 점차 강화되었으며, 그들은 비록 주류사회 구성원으로 자리매김하였으나, 여전히 말레이시아사회에 완전히 동화되지 않고 그들만의 특성을 유지하고 있다.

### 2) 모국어

국제이주를 통해 거주국에서 새로운 삶의 터전을 개척한 디아스포라 집단에게 있어서 언어능력과 같은 의사소통 기술은 거주국 사회로의 적응을 위한 필수도구이며,[3] 동시에 이주민이 거주국에서 민족정체성을 형성하고 모국과의 연계를 유지하는 기반이라고 할 수 있다. 말레이시아는 화문교육이 활성화되어 초등학교부터 중학교, 전문대학교, 대학교에 이르기까지 완전한 교육체계를 갖추고 있다. 따라서 말레이시아 화인들의 중국어 의사소통 수준은 기타 동남아 지역에 비해 월등히 높게 나타나고 있으며, 화인들은 일상생활에서도 중국어를 빈도 높게 사용하고 있다.

말레이시아 화인의 중국어 수준을 조사한 결과, 〈표 7.2〉에서 나타나듯이 32.8%(39명)가 '조금 잘함', 15.1%(18명)가 '매우 잘함'이라고 응답하였고, 27.7%(33명)가 '매우 못함', 15.1%(18명)가 '조금 못함'이라고 응답하였으며, '보통'이라고 응답한 화인은 9.2%(11명)이다. 즉, 중국어를 '잘하는('조금 잘함'과 '매우 잘함' 포함)', 화인 비율(47.9%)이 '못하는('조금 못함'과 '매우 못함' 포함)' 비율(42.8%)보다 높게 나타났다.

**표 7.2** 말레이시아 화인의 중국어 수준

| 질문사항 | 매우 못함 | 조금 못함 | 보통 | 조금 잘함 | 매우 잘함 | 전체 |
|---|---|---|---|---|---|---|
| 빈도(명) | 33 | 18 | 11 | 39 | 18 | 119 |
| 비율(%) | 27.7 | 15.1 | 9.2 | 32.8 | 15.1 | 100 |

더불어 말레이시아 화인이 모국어를 어느 정도 사용하고 있는가를 살펴보기 위해 그들이 일상생활에서 주로 사용하는 언어를 조사하였다.

---

3 김혜련(2014), "인도네시아와 말레이시아 화인 디아스포라의 현지사회 정착과 화인정책 비교", 『평화학연구』 제15권 5호, p. 208.

조사결과, 45.3%(54명)가 일상생활에서 주로 '중국어'를 사용하고 있고, 49.6%(59명)가 '말레이시아어'를 사용하고 있으며, 5.0%(6명)가 '영어'를 사용하고 있다고 응답하였다. 비록 중국어를 사용하는 비율(45.3%)이 말레이시아어 사용 비율(49.6%)보다 다소 낮게 나타났으나, 이는 다민족 국가에서 화인이 그들만의 언어를 배우고 빈도 높게 사용하고 있다는 것을 충분히 설명할 수 있다.

**표 7.3** 말레이시아 화인이 일상생활에서 사용하는 언어

| 질문사항 | 말레이시아어 | 중국어 | 영어 | 전체 |
|---|---|---|---|---|
| 빈도(명) | 59 | 54 | 6 | 119 |
| 비율(%) | 49.6 | 45.3 | 5.0 | 100 |

### 3) 모국 문화

디아스포라가 현지 거주국에서 어느 정도로 모국 문화를 보존하고 계승하고 있는가는 그들의 모국지향성을 가늠하는 중요한 척도이다. 다음은 말레이시아 화인이 거주국에서 선호하는 문화와 음식, 선호하는 혼례식 및 장례식 등을 조사하였다.

말레이시아 화인이 선호하는 문화를 조사한 결과, 11.9%(14명)가 '말레이시아 문화'를 선호한다고 응답하였고, 32.2%(38명)가 '중국 문화'를 선호한다고 응답하였으며, 52.5%(62명)가 '말레이시아와 중국 문화 모두'를 선호한다고 응답하였다. 비록 거주국과 모국 문화를 모두 선호하는 비율이 높게 나타났으나, 거주국 문화에 비해 말레이시아 화인은 여전히 모국 문화를 선호하는 것으로 나타났다.

말레이시아 화인의 모국 문화 유지 정도를 파악하기 위해 그들이 선호하는 음식과 가정에서 사용하는 가구를 조사하였고, 더불어 화인들

**표 7.4** 말레이시아 화인이 선호하는 문화

| 질문사항 | 말레이시아 문화 | 중국 문화 | 말레이시아, 중국 문화 모두 | 기타 | 전체 |
|---|---|---|---|---|---|
| 빈도(명) | 14 | 38 | 62 | 4 | 118 |
| 비율(%) | 11.9 | 32.2 | 52.5 | 3.4 | 100 |

이 혼례식 및 장례식을 치르는 방식을 살펴보았다. 조사결과, 선호하는 음식에서 28.6%(34명)가 '말레이시아 음식'을 선호한다고 응답하였고, 33.6%(40명)가 '중국 음식'을 선호한다고 응답하였으며, 15.1%(18명)가 '서양 음식'을 선호한다고 응답하였다. 가정에서 즐겨 사용하는 가구에 대해서는 23.5%(28)가 '말레이시아 가구', 34.4%(41)가 '중국 가구', 12.6%(15명)가 '서양식 가구'로 응답하였다. 혼례식에서는 18.6%(22명)이 '말레이시아식'으로 혼례를 치르고, 28.8%(34명)가 '중국식', 22.0%(26명)가 '서양식' 혼례를 치른다고 응답하였다. 화인들이 치르는 장례식에서는 16.9%(20명)가 '말레이시아 장례식', 43.2%(51명)가 '중국식', 3.4%(4명)가 '서양식'으로 장례식을 치른다고 응답하였다. 즉, 말레이시아 화인은 말레이시아 현지 문화보다 모국인 중국문화를 더 선호하며, 음식 · 가구, 혼례식 혹은 장례식 등 일상생활에서도 모국 문화를 실천하고 있다는 것으로 나타났다.

**표 7.5** 말레이시아 화인이 선호하는 음식, 가구, 혼례식, 장례식

| 질문사항 | 말레이시아식 | 중국식 | 서양식 | 기타 | 전체 |
|---|---|---|---|---|---|
| 음식 | 34(28.6) | 40(33.6) | 18(15.1) | 27(22.7) | 119(100) |
| 가구 | 28(23.5) | 41(34.4) | 15(12.6) | 35(29.4) | 118(100) |
| 혼례식 | 22(18.6) | 34(28.8) | 26(22.0) | 36(30.5) | 118(100) |
| 장례식 | 20(16.9) | 51(43.2) | 4(3.4) | 43(36.4) | 118(100) |

주: 표 중의 숫자는 빈도, ( )의 숫자는 %

설문조사를 통해 말레이시아 화인의 민족정체성, 모국어 구사능력 및 사용빈도, 모국문화 선호도를 조사한 결과는 아래와 같다. 즉, 화인은 말레이시아사회에 완전히 동화된 것이 아니라, 강한 민족정체성을 유지하고 있으며, 능통하게 중국어를 구사하는 비율도 높게 나타났다. 더불어 화인은 일상생활에서 모국어를 빈도 높게 사용하고 있으며, 음식 · 가구는 물론, 혼례식 및 장례식에서도 모국문화를 선호하고 있다. 이는 말레이시아 화인이 상대적으로 강한 모국지향성을 내포하고 있다는 것을 설명한다. 따라서 그들은 다양한 영역에서 중국과 모국관계를 유지하고 있다.

## 3. 말레이시아 화인과 모국의 연계

정보통신과 인터넷의 발달로 인해 디아스포라는 모국과 거주국에서 실시간 정보공유와 소통이 가능하며, 이는 또한 초국가시대 새로운 공동체 공간을 탄생시킬 수 있는 조건을 충분히 충족시키고 있다. 이처럼 글로벌시대에 디아스포라는 모국에 대한 기여도가 점차 높아지고 있는 추세에 있으며, 모국과의 연계 또한 지속적으로 강화되고 있다. 다음은 정치, 경제, 사회 · 문화영역에서 말레이시아 화인 디아스포라와 모국과의 연계를 검토하고자 한다.

### 1) 정치적 연계

오늘의 말레이시아 화인은 이미 현지 거주국 국적을 취득하고 주류사회에 진출한 말레이시아 국민이며, 그들은 말레이시아에서 영향력이 가장 큰 소수민족인 화족(华族)으로 성장하여 확고한 국민정체성을 가지고 있다. 그들의 이러한 국민정체성은 설문조사에서도 잘 나타나고 있다.

**표 7.6** 말레이시아 화인의 국민정체성 질문사항의 평균 및 표준편차

| 질문항목 | 평균 | 표준 편차 | 빈도 |
|---|---|---|---|
| 나는 말레이시아에 강한 소속감을 느낀다. | 3.64 | .802 | 113 |
| 나는 화인이 말레이시아 현지사회에 융합되어야 한다고 생각한다. | 3.11 | .990 | 114 |
| 말레이시아 현지 문화에 비호의적인 것은 화인의 잘못이다. | 3.57 | .986 | 114 |
| 화인은 말레이시아 현지문화를 많이 아는 것은 좋지만 필요한 것은 아니다. | 2.67 | 1.904 | 114 |

도표에서도 나타나듯이, 평균값이 높게 나타난 질문사항은 각각 '말레이시아에 강한 소속감을 느낀다', '현지사회에 융합되어야 한다', '현지문화에 비호의적인 것은 화인이 잘못된 것이다'로 나타났다. 이는 화인이 말레이시아 국민으로서 국가에 강한 소속감을 느끼고 있으며, 소수민족으로서 화인이 현지사회에 융합되고, 현지 문화를 적극 수용해야 한다고 주장하고 있다는 것을 설명한다. 또한 '화인은 말레이시아 현지문화를 많이 아는 것은 좋지만 필요한 것은 아니다'라는 질문에는 평균값이 2.67로 평균치 3보다 낮게 나타났다. 이는 말레이시아 화인이 현지문화 수용을 필요로 하고 있다는 것을 설명한다. 즉, 말레이시아 화인은 비록 모국지향적 속성을 내포하고 있지만, 동시에 말레이시아 국민으로서 강한 국민정체성도 지니고 있다는 것이다. 말레이시아 화인의 이러한 이중정체성은 '민족'과 '국가' 두 축으로 분리되는 것이 아니라, 서로 일정하게 중첩되어 모국과 거주국을 넘나드는 다중정체성으로 표출된다.

현재의 말레이시아 화인은 모국과의 정치적 연계가 지극히 약화되었다. 그것은 말레이시아 화인은 이미 거주국 국적을 취득해 화교에서 화인으로의 신분전환을 완성하였기 때문이다. 그러나 1950년대 이전, 말레이시아 화인은 중국의 정치활동에 적극적으로 참여하여 밀접한 정치적 관계를 유지했었다. 1911년 신해혁명시기부터 제2차세계대전 종전까지 동

남아 화인은 모국의 정치활동에 적극 가담하여 구국(救国)운동에 힘을 이바지 하였다. 손문(孙文)은 동남아 화교를 "혁명의 어머니(华侨为革命之母)"로 평가할 정도로 그들은 모국 정치에 큰 영향을 미쳤다. 예컨대 1937년 "7 · 7사변(七 · 七事变)"이후 말레이시아 화인은 싱가폴중화총상회와 연합하여 "말레야싱가폴화교조국상병난민지원위원회(马来亚新加坡华侨筹赈祖国傷兵难民大会委员会)"를 설립해 모국 지원에 나섰으며, 1938년에는 인도네시아, 태국, 미얀마, 필리핀, 베트남 등 43개 국가 및 지역 화인들과 연합하여 "남양화교지원총회"를 설립함으로써 동남아 화인을 총동원하여 모국의 항일운동을 지지하였다.[4] 그러나 1950년대를 기점으로 말레이시아 화인사회와 모국과의 관계는 점차 변화하기 시작하였다. 말레이시아와 중국의 관계 악화로 인해 화인사회도 점차 모국으로부터 이탈하여 거주국사회로 융합되었다. 특히 1950년대 중국의 거주국 지향적인 뿌리내리기(落地生根) 정책이 추진됨에 따라 대규모 화인이 말레이시아 국적을 취득함으로써 화교에서 화인으로 신분이 전환되었다. 말레이시아 정부의 통계자료에 의하면, 1957년 기준 말레이시아 국적을 취득한 사람은 총 1,003,831명인데, 그중 화인이 803,064명으로, 전체 국적취득자의 80%를 차지한다.[5] 따라서 1950년대 후반 말레이시아 국적을 취득한 화인은 이미 200만 명에 달해 전체 화인사회의 90%를 차지하였다. 화인이 현지 거주국 국적을 취득함에 따라 그들의 국민정체성은 모국으로부터 거주국으로 이전하게 되었으며, 이는 화인 현지화의 촉매역할을 하였다.

1974년 말레이시아와 중국 수교이후, 특히 1978년 중국 개혁개방이후 말레이시아 화인과 모국과의 관계는 다시 강화되었으나, 기존의 정치적 관계는 이미 약화되어 경제 및 사회 · 문화적 연계만 구축된 현실이다.

---

4 石沧金(2006), "试析马来西亚华人社会与祖籍国关系的演变: 以马来西亚华人社团为例", 『华侨华人历史研究』 2006年第2期., pp. 38-39.

5 石沧金(2006), p. 40.

다시 말해, 현재의 말레이시아 화인은 모국과의 정치적 연계가 아주 미약하다. 도표에서도 나타나듯이, 말레이시아 화인은 모국정치에 큰 관심을 나타내지 않고 있다. 72.9%(86명)가 '중국정치에 관심이 없다'고 응답하였고, 91.5%(107)명이 '중국 화교정당이나 화교단체 참여한 적이 없다'고 응답하였다.

**표 7.7** 말레이시아 화인의 모국정치 관심도

| 질문사항 | 예 | 아니요 | 전체 |
|---|---|---|---|
| 나는 중국 정치에 관심 있다. | 32(27.1) | 86(72.9) | 118 |
| 나는 중국 화교정당이나 화교단체에 참여한 적 있다. | 10(8.6) | 107(91.5) | 117(100) |

주: 표 중의 숫자는 빈도, ( )의 숫자는 %

### 2) 경제적 연계

정치적 연계와 달리, 말레이시아 화인과 모국인 중국의 경제적 연계는 아주 밀접하다. 중국을 중심으로 한 중화경제권의 부상이 바로 화인과 모국과의 경제적 연계의 표출이다. 중화경제권은 중국과 홍콩, 마카오, 대만에 말레이시아를 비롯한 동남아 화인경제권까지 아우르는 지역경제협력체이다. 중국을 중심으로 한 중화경제권은 이미 유럽연합(EU)과 북미자유무역협정(NAFTA)에 이은 세계 3번째 경제 블록으로 부상하였다.[6]

말레이시아 화인과 모국의 경제적 연계는 오랜 역사를 가지고 있다. 1950년대 이전, 화인과 모국의 경제적 연계는 주로 모국 지원과 가족 생계유지를 위한 송금 형식으로 이루어졌다. 말레이시아 화인은 대부분 화공(华工) 신분으로 동남아로 이주한 계약노동자이다. 그들은 돈벌이를 위

6 리단 · 김혜련(2012), "중화경제권의 부상과 의미", 「디아스포라연구」 제6권 제2호, p. 131.

해 말레이시아를 찾았으며, 모국으로의 송금은 그들이 가족과의 연계를 유지하는 연결고리이기도 하다. 해외 송금은 외환의 가장 중요한 자원 요소의 일부이다. 물론 송금은 대부분 가족 간에 이루어지는 개인자산이지만 모국에 있는 수령자의 사회경제적 조건 향상에 커다란 영향을 미치며, 결과적으로 모국의 경제발전에 기여하고 있는 셈이다.

다른 한편, 현재의 화인과 모국의 경제적 연계는 대규모 화상 자본 유입으로 이루어지고 있다. 말레이시아 화인과 중국의 경제 네트워크는 1974년 양국 수교이후부터 구축되기 시작하였으며, 40여 년의 발전 끝에 현재는 상호보완적 경제관계를 형성하고 있다. 1989년 말레이시아 대중국 투자는 40만 달러에 불과했으나, 2000년에는 202만 달러로 증가하였으며, 2007년에는 397만 달러에 이르렀다. 2011년부터 중국은 말레이시아의 최대 투자대상국이 되었으며, 2013년 말레이시아 전체 해외투자의 72.5%는 중국시장이 차지하게 되었다(中國商務部).

**표 7.8** 말레이시아 대중국 투자 규모 (단위: 백만달러)

| 연도 | 1997 | 1998 | 1999 | 2000 | 2001 | 2002 | 2003 | 2004 | 2005 | 2006 | 2007 |
|---|---|---|---|---|---|---|---|---|---|---|---|
| 투자액 | 381.8 | 340.5 | 237.7 | 202.9 | 263.0 | 367.9 | 251.0 | 385.0 | 361.3 | 451.2 | 397.3 |

출처: 郑达. 2009. "改革开放以来马来西亚华商对华直接投资."『当代中国史研究』16(2), 88.

말레이시아와 중국의 이러한 경제교류 활성화 뒷면에는 화인이 중요한 촉매역할을 담당하고 있다. 그들은 모국과 거주국을 연결하는 교량이자 중개자이며, 말레이시아 기업이 중국시장을 개발하는 개척자이기도 하다. 현재 중국시장으로 유입한 말레이시아 자본 대부분은 화상 자본이며, 그들은 교향(侨乡)[7]이라고 불리는 화인 출신지역을 중심으로 상권을 형성

---

**7** 교향(侨乡)은 화교 · 화인의 고향, 즉 그들의 출신지역을 지칭하는 용어이다. 중국 푸젠(福

하고 있다. 말레이시아 화인은 모국과의 경제적 연계를 강화시킴으로써 양국의 무역관계는 물론 말레이시아와 중국의 우호적 관계도 도모하였다.

말레이시아 화인기업은 대부분 상하이(上海), 푸젠(福建), 광둥(广东)을 중심으로 기업을 설립하고 그들만의 화인 상권과 네트워크를 구축하고 있는데, 이는 그들의 출신지역과도 중첩된다. 말레이시아 화인은 대부분 푸젠, 광둥, 광시, 윈난 지역 출신으로, 이 지역에는 현재까지도 그들의 친인척이 정착하고 있다. 따라서 말레이시아 화인은 그들의 고향을 개발하고 지원하기 위해 교향을 중심으로 대규모 투자를 아끼지 않았다. 이렇듯 화상자본의 유입은 수많은 일자리를 창출하고 지역경제를 활성화시켰으며, 이는 고향 발전은 물론, 모국 발전에도 크게 기여하였다. 예컨대, 2006년까지 말레이시아는 푸젠성에서 총 95개 기업을 설립하여 11,877개의 일자리를 창출하였으며,[8] 푸젠성의 경제발전에 큰 기여를 하였는데 이러한 말레이시아 기업의 대부분은 화인기업이다.

말레이시아 화인과 모국과의 경제적 연계는 중국에서만 이루어지는 것이 아니라, 그들이 정착하는 거주국에서도 연결되고 있다. 화인은 중국의 성공 경험을 말레이시아로 도입함으로써 거주국 발전에도 크게 기여하고 있다. 예컨대 말레이시아 이스칸다르(Iskandar) 경제개발구는 바로 중국 선전(深圳), 샤먼(厦门), 주하이(珠海) 등 경제특구를 벤치마킹하여 설립한 남부경제특구로, 화상이 핵심이 되어 중국자본을 유치함으로써 거주국을 발전시키고 있다.

요컨대, 말레이시아 화인과 모국인 중국과의 경제적 연계는 아주 밀접하며, 향후에도 계속 발전할 것이라 전망된다. 그들은 화상을 중심으로 모국 경제발전에 적극적으로 힘을 이바지하고 있으며, 특히 고향에 대한

---

建), 광둥(广东), 광시(广西), 윈난(云南), 하이난(海南) 등은 대표적 교향이다.

8 郑达(2009), "改革开放以来马来西亚华商对华直接投资", 『当代中国史研究』 第16期, p. 91.

‘집합적 기억’을 기반으로 출신지역의 일자리 창출과 지역경제 활성화에 중요한 역할을 하고 있다. 더불어 화인은 중국식 경제발전 모델을 거주국으로 도입시켜 양국 경제발전을 함께 도모함으로써 쌍방향으로 경제적 연계를 강화시키고 있다.

### 3) 사회 · 문화적 연계

말레이시아 화인과 중국의 사회 · 문화적 연계는 인적왕래, 문화교류 등 다양한 영역에서 활성화되고 있다. 다민족 · 다문화국가 말레이시아에서 화인은 그들만의 화인단체를 구성하고, 민족교육을 발전시키고 있으며, 전통명절과 민족문화를 보존하고 있다.

이주의 시대가 도래되고 인구이동이 일반화됨에 따라 화인의 초국가적 활동은 더욱 활발하게 진행되고 있다. 특히 2000년대 이후 말레이시아와 중국의 정치, 경제, 문화협력이 가속화되자 화인의 모국방문은 더욱 빈번해지고 있으며, 방문목적도 다양해졌다. 동향회, 화인협회 등 화인단체의 구성원으로 중국정부나 지자체의 초청에 의해 모국을 방문하는 경우가 많이 나타나고 있다. 예를 들어, 중국에서 가장 큰 교향인 광둥성은 2000년부터 “광둥동향연합대회”를 개최하여 전 세계에 흩어져 있는 광둥 출신 화교 · 화인이 한자리에 모여 친목을 도모한다. 2002년 광둥성해외교류협회, 광둥해외연합회, 광둥성귀국화교연합회가 주관하는 제2차 대회에서는 2,000여 개의 화인단체가 참석하여 모국을 방문하였는데, 그 중 50여 개 단체는 말레이시아 화인단체였다. 이와 같이 말레이시아 화인은 중국 정부나 지자체의 초청으로 모국을 방문하고 네트워크를 구축한다.

다른 한편, 해외에는 4,500여만 명의 화인 디아스포라가 산재해있지만, 중국에는 또한 약 3,000만 명의 귀환화교(归侨)가 모국에 정착하고 있다. 교통과 정보통신의 발달과 함께 해외 화인은 모국에 귀환하여 정착한 친인척과 연락함으로써 모국과의 연계를 유지하고 있다. 말레이시아 화인도 마찬가지로 모국 정착 친인척과 이러한 개인적 연결망을 구축하고 있다. 설문조사 결과, 응답자중 34.4%(41명)는 모국에 친인척이 있다고 밝혔다. 그들과 모국 친인척의 접촉빈도와 연결방식은 아래 도표와 같다.

**표 7.9** 최근 6개월 간 말레이시아 화인의 모국 친인척 접촉빈도

| 질문사항 | 1~5회 | 한달에 1~2회 | 일주일 간 1회 | 한달 간 1회 | 전체 |
|---|---|---|---|---|---|
| 빈도(명) | 18 | 11 | 3 | 7 | 39 |
| 비율(%) | 46.2 | 28.2 | 7.7 | 17.9 | 100 |

**표 7.10** 말레이시아 화인과 모국 친인척의 연락방식

| 질문사항 | 전화 | 메일 | 인터넷 | SNS | 방문 | 기타 | 전체 |
|---|---|---|---|---|---|---|---|
| 빈도(명) | 4 | 3 | 17 | 1 | 7 | 7 | 39 |
| 비율(%) | 10.3 | 7.7 | 43.6 | 2.6 | 17.9 | 17.9 | 100 |

〈표 7.9〉와 〈표 7.10〉에서 나타나듯이, 말레이시아 화인은 높은 비율은 아니지만 여전히 모국에 정착하고 있는 친인척과 인적왕래를 유지하고 있으며, 주로 인터넷(43.6%)을 활용해 연락하고 있다. 이는 말레이시아 화인은 단체 혹은 개인적으로 여전히 모국 가족과 사회적 관계를 유지하고 있다는 것을 설명한다.

말레이시아 화인과 모국의 사회문화적 연계는 그들의 문화 교류에서도 잘 나타난다. 말레이시아는 동남아 지역에서 싱가포르 다음으로 화인문화가 활성화된 국가이다. 말레이시아 화인은 1984년부터 해마다 "화인문화축제"를 개최함으로써 그들의 민족정체성을 고양시키는 한편, 현지인에게도 화인문화를 홍보하고 전파시키고 있다. "화인문화축제"는 한 달간 진행되며, 사자춤(舞狮) · 전통극(唱戏) 등 공연이나 특강, 대토론회의 방

식으로 화인문화를 홍보하고 있다. 화인은 모국문화를 거주국에 전파하는 전도사로서 문화교류를 통해 모국과의 연계를 강화시키고 있다. 따라서 말레이시아 화인은 모국 문화에 친밀감을 느끼며, 현지에서도 모국문화를 쉽게 접하고 있다.

**표 7.11** 말레이시아 화인의 모국문화 친밀도

| 질문사항 | 예 | 아니요 | 전체 |
|---|---|---|---|
| 나는 중국 문화에 친근감을 느낀다. | 86(72.9) | 32(27.1) | 118(100) |
| 나는 중국 드라마, 영화를 자주 보고 있다. | 81(69.2) | 36(30.8) | 117(100) |
| 나는 중국 신문, 잡지, 인터넷 사이트 등을 보고 있다. | 74(63.2) | 43(36.8) | 117(100) |

주: 표 중의 숫자는 빈도, ( )의 숫자는 %

위의 도표에서도 나타나듯이, 말레이시아 화인은 모국문화에 친근감을 느끼며, 모국문화와 밀접한 연계를 유지하고 있다. "중국 문화에 친근감을 느끼는가"라는 질문에 72.9%(86명)가 긍정적으로 응답하였고, 69.2%(81명)가 "중국 드라마, 영화를 자주 보고 있다"고 응답하였으며, 63.2%(74명)가 "중국 신문, 잡지, 인터넷 사이트를 보고 있다"고 응답하였다. 즉, 말레이시아 화인은 거주국에서 모국문화를 직·간접적으로 접하면서 중국과의 연계를 유지하고 있다는 것이다.

## 4. 소결

중국 역사에서 배출된 화인 디아스포라는 근대화시기 이전부터 동남아 지역에 정착하기 시작하였으며, 현재는 약 3,348만 명의 화인이 이 지역에서 뿌리 내려 거주하고 있다. 그 중 다민족·다문화국가 말레이시아에는 약 640만 명의 화인이 거주하고 있으며, 그들은 현지적응을 통해 진정한 사회구성원으로 성장하여 주류사회에 진출하였다. 말레이시아 화인은 대부분 중국 푸젠(福建), 광둥(广东), 광시(广西), 하이난(海南) 지역 출신이며, 모국에 대한 '집합적 기억'을 중심으로 그들만의 화인공동체를 형성하고 있다.

제7장에서는 디아스포라와 모국의 연관성을 규명하기 위해 설문조사를 중심으로 말레이시아 화인 디아스포라와 모국과의 관계를 체계적으로 분석하였다. 연구결과 화인은 비록 말레이시아 국민으로서 확고한 국민정체성을 가지고 있지만, 동시에 화인으로서 강한 민족정체성을 유지하고 있다. 그들은 능통하게 중국어를 구사하고 있을 뿐만 아니라, 일상생활에서도 높은 비율로 모국어를 사용하고 있다. 더불어 화인은 완전히 거주국 사회에 동화된 것이 아니라, 모국문화를 계승하고 발전시킴으로써 원주민과 다른 문화적 특성을 나타내고 있다. 그들은 일상생활에서 음식, 가구는 물론, 혼례식 및 장례식에서도 모국문화를 선호하고 있다. 다시 말해, 오랜 이주역사를 자랑하는 화인은 말레이시아 국민인 동시에 모국지향적 특성을 나타내고 있다.

다른 한편, 말레이시아 화인은 이러한 모국지향성을 기반으로 다양한 영역에서 모국과의 관계를 유지하고 있다. 정치, 경제, 사회 · 문화적 연계를 검토한 결과, 정치적 측면에서 화인은 말레이시아 국민으로 모국과의 정치적 연계가 아주 미약한 것으로 나타났다. 그러나 말레이시아 화인과 모국의 경제적 연계는 아주 밀접한 것으로 조사되었으며, 이러한 관계는 향후에도 계속 발전할 것이라 전망된다. 아울러 사회 · 문화적 영역에서도 화인은 모국과의 빈번한 인적왕래, 문화교류를 통해 밀접한 관계를 유지하고 있다.

# Ⅷ

# 맺음말

글로벌 시대가 도래되고 초국적 인구이동이 활발해짐에 따라 모국(homeland)을 떠나 거주국(host country)에서 새로운 삶의 터전을 개척하는 사람들이 급증하고 있다. 해외로 이주한 이들은 다양한 역사적 경로를 통해 세계 각국에 분산(分散)되어 있으면서도 같은 혈통과 문화, 정체성을 공유하면서 '상상의 공동체'를 형성하고 있다. 초국적 활동이 일상화되고 있는 이주의 시대에 디아스포라가 행위자로서 새롭게 주목받고 있다.

일반적으로 디아스포라집단은 모국과 거주국 사이에 걸쳐있는 '경계인'으로서 현지 거주국에서 안정적으로 정착하고 있을 뿐만 아니라, 여전히 모국과의 연계를 유지하면서 초국가적 성격을 나타낸다. 이 책에서는 말레이시아 화인을 중심으로 디아스포라의 초국가 성격을 규명하였다.

말레이시아는 동남아 지역에서 싱가포르를 제외한 화인 비율이 가장 높은 국가이다. 640만 명에 이르는 화인은 다종족 · 다문화 · 다종교국가 말레이시아에서 성공적인 현지정착을 통해 진정한 사회구성원으로 주류사회에 진출하는 동시에 모국어와 민족정체성을 계승함으로써 모국과의 연계를 유지하고 있는 것으로 나타났다. 다시 말해, 말레이시아 화인은 모국과 거주국 사이에 끼어있는 존재로 초국가적인 삶을 영위하고 있다.

이 책에서는 문헌연구, 설문조사, 심층면접을 주요한 연구방법으로 선정하여 화인의 말레이시아 이주역사, 화문교육 실태, 말레이인과의 종족관계, 모국과의 연계를 세부적으로 검토하였으며, 쿠알라룸푸르 · 말라카 · 페낭을 직접 방문해 자료를 수집하고 사진을 촬영함으로써 화인의 민족집거지 차이나타운 및 그들의 현지 적응 실태를 심층적으로 파악하였다. 이 책의 연구결과를 요약하면 아래와 같다.

첫째, 화인 디아스포라의 동남아시아 진출 및 말레이시아 정착은 오랜 역사를 가지고 있다. 화인 디아스포라의 동남아시아 진출은 진나라시기부터 이미 시작되었으며, 16세기까지 꾸준히 이어졌다. 대규모 중국계 이주민의 동남아 유입은 16세기 후반부터 1840년 아편전쟁이 일어나기까지 약 300년 동안 진행되었으며, 이는 제2기 중국계 이주민의 동남아 진출이다. 제3기 중국계 이주민의 동남아 진출은 1840년 아편전쟁부터 1949년 중화인민공화국의 성립까지이다. 끊임없는 전쟁과 제국주의의 경제적 약탈로 인해 중국인들이 생계를 유지하기 위해 모국을 떠나 동남아시아로 대거 유입되었다.

중국계 이주민의 말레이시아 이주는 15세기 무역로를 따라 말레이반도로 왔다가 말라카 지역에 정착한 중국인 후손들이 페라나칸이라는 공동체를 형성한 것이 최초였다. 그리고 19세기 중엽 영국이 말레이반도 주석광산에서 중국계 이주민을 계약노동자 신분으로 대거 유입시킨 것을 계기로 말레이반도에 유입한 중국인들의 규모는 대폭 증가하였다. 계약노동자 신분으로 유입된 중국계 이주민 상당수는 계약 만료 이후 모국으로 돌아갔지만, 일부 잔류한 이주민은 말레이시아에 정착하여 현지 거주국 국적을 취득하면서 공식적으로 말레이시아 사회에 편입되어 점차 오늘날 화인사회를 형성하였다.

둘째, 말레이시아 곳곳에는 화인들이 밀집 거주하는 차이나타운이 조성되어 있다. "중화가(中华街)", "당인가(唐人街)"라고 불리는 차이나타운은 해외에 산재해 있는 화교 · 화인들이 모국에 대한 '집합적 기억'과 상징기제가 구체적으로 구현된 이주민 공간이다. 연구팀은 화인이 가장 많이 밀집 거주하는 쿠알라룸푸르, 말라카, 페낭을 직접 방문하여 화인의 문화적 특성이 표출되는 중국식 건축, 음식문화, 전통명절 축제 등 관련 자료를 수집하였다.

쿠알라룸푸르는 말레이시아 수도로서 1857년 주석광을 채굴하기 위해 중국계 이주민 화인이 유입되면서 점차 도시가 형성되었다. 쿠알라룸푸르는 잘란 프탈링 거리(Jalan Petaling Stre, 茨厂街)를 중심으로 차이나타운이 조성되었는데, 이는 쿠알라룸푸르 시내에서 화인의 문화적 특성이 가장 잘 표출되는 지역이다. 비록 쿠알라룸푸르 시내에서 아주 작은 지역에 불과하지만, 춘절(春节) · 중추절(中秋节)을 비롯한 화인의 전통명절에는 가장 번화한 거리이다. 현재 잘란 프탈링 거리는 쿠알라룸푸르의 유명한 관광지인 동시에 현지인들이 많이 찾는 야시장이기도 하다. 또한 쿠알라룸푸르 시내에서는 화인의 문화적 특성을 나타내는 다양한 서원이나 화인사원을 찾아볼 수 있다. 1906년에 준공된 천씨서원(陈氏书院), 고향을 떠난 화인들이 모국에 대한 그리움과 향수를 달래는 정식적 안식처 역할을 하는 관음사(观音寺), 관제묘(關帝廟)가 대표적이다. 쿠알라룸푸르 로브슨힐 언덕에 위치해 있는 천후궁은 말레이시아의 대표적 화인사원이며, 동남아시아에서도 가장 큰 규모의 화인사원으로 알려져 있다. 천후궁은 화인단체 해남회관(海南会馆)을 설립하였으며, 1987년에 준공하여 1989년 해남회관 설립 백주년에 공식적으로 개방되었다.

60만 명의 인구규모를 보유하고 있는 말라카는 다양한 종족이 어우러져 공존하는 다문화도시로, 화인이 전체 인구의 30%를 차지한다. 현재의 말라카는 말레이인들의 이슬람, 화인들의 불교 · 도교 · 기독교, 타밀인들의 힌두교 등 다양한 종교의 총 집합지이다. 다양한 종교가 서로 충돌하면서 대립, 조화로운 관계를 형성하는 과정에서 독특한 말라카 문화가 형성되었다. 말라카에서 차이나타운이라고 불리는 화인 집거지 중심에는 "조화의 거리(harmony street)"가 조성되어 있고, 그 가운데는 300여 년의 역사를 가지고 있는 화인사원 청운정(青云亭)이 자리 잡고 있다. 중국어로 지창제(鸡场街)라고 불리는 존커거리는 말라카 차이나타운의 중심거리이다. 2008년에 세계문화유산으로 지정된 존커거리는 현재 해마다 2,000만 명의 관광객이 방문하는 유명한 관광지로 부상하였다. 연구팀은 말라카 차이나타운에서 페라나칸의 독특한 문화를 경험할 수 있는 바바뇨냐박물관을 방문하였으며, 화인사회의 리더이자 유명한 교육가인 선무위(沈慕羽)의 서예문물관을 방문하여 자료를 수집하였다.

페낭은 말레이시아에서 화인이 가장 많이 거주하고 있는 도시이며,

조지 타운에는 식민지풍 건물과 중국풍 건물이 잘 보존되어 2008년 유네스코에 의해 도시 전체가 세계 문화유산으로 등재되기도 했다. 페낭 거주 화인은 능통하게 중국어를 구사하고 있을 뿐만 아니라, 화인의 전통문화와 민족정체성을 그대로 유지하고 있다. 페낭 곳곳에는 중국어 간판을 볼 수 있으며, 화인사원과 화인단체를 쉽게 찾아볼 수 있다. 연구팀은 페낭화인의 원소절(元宵节) 축제에 직접 참여하였으며, 페낭화인대회당(槟州华人大会堂)을 방문하여 자료를 수집하였다.

셋째, 현지조사와 심층면접을 중심으로 말레이시아 화문교육의 실태를 검토하였으며, 화인의 민족교육에 영향을 미치는 요인을 분석하였다. 연구결과, 말레이시아 화인의 민족교육은 화문초등학교부터 중학교, 대학교에 이르기까지 체계적인 교육 시스템이 구축되었으며, 학생규모가 70만 명에 이른다. 말레이시아 정부의 차별적인 교육정책으로 인해 1960년대 이후 화문초등학교는 국가 교육시스템에 강제적으로 편입되었다. 화문초등학교는 민족교육이 약화되고 있고, 정부 지원이 부족하며, 교직원 충원이 절실한 상황에 처해 있다. 『1961년 교육법령』 실행 이후, 화문중학교는 사립과 국립으로 분리되어 화문독립중학교와 국민형중학교가 운영되고 있다. 그중 화문독립중학교는 말레이시아 정부의 개편을 거부하여 화문을 교육용어로 유지한 민족학교이다. 화문독립중학교는 비록 정부의 인증과 지원을 받지 못하고 있지만, 3중언어교육을 실행하고 있고, 화문을 주요한 교육용어로 사용하고 있으며, 민족문화를 유지하고 계승하는 것을 취지로 운영되고 있다. 1980년대 이후 정부의 규제 완화로 화문대학교가 제한적으로 발전하고 있는데, 현재 말레이시아에는 남방대학학원, 신기원대학학원, 한장미디어대학학원 총 3개의 화문대학교가 설립되어 있다. 화문대학교는 화인사회가 스스로 설립 운영하는 민족교육기관으로 학생 모집이 어렵고, 재정적 지원이 부족한 문제점에 노출되어 있다. 화인 디아스포라의 이러한 민족교육에는 말레이시아 정부의 교육정책, 현지 화인사회의 지원, 그리고 국제환경의 변화 등이 영향요인으로 작용하고 있다. 말레이시아 정부의 제한적 교육정책으로 인해 화문초등학교는 국가 교육시스템에 편입되어 말레이어와 영어를 교육용어로 사용하고 있으며, 화문중학교는 독립중학교와 국민형중학교로 구분되어 운영되고 있다. 1990년대 이후 말레이시아의 교육정책이 완화되자 화문대학교가 설립되어 화인 인재를 육성하기 시작하였다. 또한 화인 디아스포라의 민족교육이 지속되고 발전할 수 있는 것은 화인사회의 적극적인 지원이 있었기 때문이다. 아울러 다문화시대의 도래와 함께 국제환경의 변화와 중국, 말레이시아 양국관계의 발전은 모두 화인 디아스포라의 민족교육에 적극적인 영향을 미치고 있다.

넷째, 현지조사와 설문조사를 중심으로 말레이시아 화인과 말레이인의 종족관계 실태를 분석하였다. 연구결과, 현재 화인과 말레이인의 종족관계는 기존의 대립관계에서 점차 공존관계로 발전하고 있는 것으로 나타났다. 말레이시아의 화인은 원주민의 언어인 말레이어를 능통하게 구사함으로써 원주민과 자유롭게 교류 소통하는 것으로 나타났다. 또한 화인은 말레이인과 친구로 지내고 있고, 편안한 사회관계를 유지하고 있는 등 비교적 조화로운 사회관계를 유지하고 있다. 화인의 차별경험은 많지 않은 것으로 조사되었으며, 말레이인과의 충돌을 심각하게 받아들이지 않는 것으로 조사되었다. 정치 · 경제 협력 영역에서 말레이시아 화인과 말레이인은 비록 경제영역에서의 협력은 미흡하지만, 정치협력을 적극 추진하고 있는 것으로 나타났다. 말레이시아 종족관계의 이러한 변화는 다양한 요인에 의해 결정되었다. 말레이시아 정부는 종족 간의 빈부격차를 완화하기 위해 부미푸트라를 우대하는 신경제정책을 시행하였으며, 새로운 종족갈등이 야기되자 '비전2020'이라는 국가전략을 제시해 종족간의 갈등을 완화시켰다. 또한 화인의 정치 세력화는 말레이시아의 공존하는 종족관계를 형성하는데 정치적 기반을 마련하였다. 아울러, 말레이시아 화인은 화인문화축제를 비롯한 행사를 통해 적극적으로 기타 종족과의 문화 교류를 활성화시켰으며, 현지문화와의 융합을 추진하였다. 정부의 정책 개입과 화인사회의 노력에 힘입어 말레이시아의 종족관계는 현재의 공존관계로 발전할 수 있었던 것이다.

다섯째, 설문조사를 중심으로 말레이시아 화인 디아스포라와 모국과의 관계를 체계적으로 분석하였다. 연구결과 화인은 비록 오랜 이주역사를 가지고 말레이시아에 정착하였지만, 여전히 민족정체성을 유지하고 있다. 그들은 화문교육을 통해 능통하게 중국어를 구사하고 있을 뿐만 아니라, 모국문화를 계승하고 발전시킴으로써 그들만의 민족공동체를 구축하고 있다. 다시 말해, 화인은 말레이시아 국민인 동시에 모국지향적 특성을 나타내고 있다. 말레이시아 화인은 이러한 모국지향성을 기반으로 다양한 영역에서 모국과의 관계를 유지하고 있다. 그들은 말레이시아 국민으로서 모국과의 정치적 연계가 아주 미약하지만, 경제적 연계는 아주 밀접한 것으로 조사되었다. 더불어 화인은 모국과의 빈번한 인적왕래, 문화교류를 통해 밀접한 사회 · 문화적 관계를 유지하고 있다.

이 책은 설문조사와 심층면접을 통해 말레이시아 화인 디아스포라의 초국가적 성격을 규명하고자 하였지만, 쿠알라룸푸르 · 말라카 · 페낭 거주 화인을 중심으로 연구를 진행한 만큼 일정 정도 한계를 가지는 것이 사실이다. 엄밀한 의미에서 화인 디아스포라의 초국가적 성격을 규명하기 위해 말레이시아 전역의 화인을 선정하여 설문조사 및 심층면접을 진행해야 할 것이며, 더불어 말레이인, 인도인을 비롯한 현지 주요 사회구성원도 심층면접 대상자에 포함시켜 검토되어야 할 것이다.

| 부 록 |

# 말레이시아 화인의 초국가적 성격에 관한 설문조사

| 번호 | | | |
|---|---|---|---|

안녕하십니까?

한국 전남대학교 세계한상문화연구단은 세계 곳곳에 정착하여 살고 있는 글로벌 디아스포라의 이주, 정착, 문화생활, 기업 활동 등을 조사하여 국가정책에 반영될 수 있도록 정책 현안을 연구하는 기관입니다.

본 연구단에서는 이번 연도에는 말레이시아 화인의 초국가적 성격에 대한 조사 연구를 수행하고 있습니다. 설문에 응답해 주신 내용과 개인 신상에 관한 모든 사항은 통계법 제33조에 의거하여 연구목적으로만 사용되고 절대 비밀이 보장됩니다. 본 설문에는 특별히 정답이나 오답이 없으며, 한 문장이라도 응답하지 않으면 연구에 사용될 수 없습니다. 그러니 다소 시간이 걸리더라도 자신의 생각을 솔직하게 한 문항도 빠짐없이 체크해주시기 바랍니다. 귀하의 성실한 답변은 화인의 삶의 질 향상을 위한 모국의 지원 정책 및 서비스 제공에 유용하게 사용될 것입니다. 바쁘시더라도 협조 부탁드립니다.

## I. 귀하의 일반적 사항에 대한 질문입니다.

| | |
|---|---|
| 1. 성별 | ① 남성 ② 여성 |
| 2. 연령 | (만 세) |
| 3. 학력 | ① 초등학교 ② 중학교 ③ 고등학교 ④ 3년제 전문대학교<br>⑤ 4년제 대학교 ⑥ 대학원 ⑦ 무학 ⑧ 기타 ( ) |
| 4. 직업 | ① 전문직(교수, 의사, 변호사 등)<br>② 일반 전문직(기술자, 교원, 문화예술가 등)<br>③ 공무원 ④사무직(회사원 등) ⑤판매직(도소매업 등)<br>⑥ 자영업 ⑦서비스직(세탁소, 이발소, 미장원, 식당, 호텔, 여관 등)<br>⑧ 생산직(제조업, 운수업, 인쇄업 등)<br>⑨ 농업, 임업, 수산업, 축산업 등<br>⑩ 가정주부 ⑪ 학생 ⑫ 기업 CEO ⑬ 기타 ( ) |
| 5. 종교 | ① 이슬람 ② 불교 ③ 기독교 ④천주교 ⑤ 기타 ( ) |
| 6. 국적 | ① 말레이시아 ② 중국 ③ 대만 ④ 기타 ( ) |
| 7. 체류자격 | ① 국적취득자 ② 영주권자 ③ 정주자<br>④ 단기 체류자 ⑤ 기타 ( ) |
| 8. 세대 구분 | ① 1세(중국 출생) ② 1.5세(부모 따라 말레이시아 이민)<br>③ 2세(부모 말레이시아 출생) ④ 3세(조부모 말레이시아 출생)<br>⑤ 4세(증조부모 말레이시아 출생) ⑥ 기타 ( ) |
| 9. 현 거주지 도시 명 | ( ) |
| 10. 말레이시아 거주 연수 | ( )년 |
| 11. 혼인여부 | ① 기혼 ② 미혼 ③ 이혼 ④ 사별 ⑤ 기타 |
| 12. 배우자의 민족 | ① 화인 ② 말레이족 ③ 인도계 ④ 기타 ( ) |
| 13. 자녀의 교육적 지지 | ① 말레이시아학교 ② 화문학교(华文学校)<br>③ 말레이시아 내 국제학교 ④기타 ( ) |
| 14. 연 수입 | ( ) |
| 15. 중국(대만) 방문 경험 | ① 있다 ② 없다 |
| 16. 중국(대만)에 가족/친척 유무 | ① 있다 ② 없다 |
| 17. 중국어 의사소통 수준 | ① 매우 못함 ② 조금 못함 ③보통 ④조금 잘함 ⑤매우 잘함 |
| 18. 말레이시아어 의사소통 수준 | ① 매우 못함 ② 조금 못함 ③보통 ④조금 잘함 ⑤매우 잘함 |

II. 다음은 말레이시아에서 사회적 관계에 대한 질문입니다. 해당되는 곳에 ✓ 표시 해주세요

1. 당신은 말레이시아에서 주변 사람들을 어느 정도 신뢰할 수 있다고 생각하십니까? (해당번호에 ✓표시)

① 대부분의 사람들을 전혀 신뢰할 수 없다.
② 신뢰할 수 있는 사람이 적다.
③ 몇 명 정도만 신뢰할 수 있다.
④ 많은 사람들을 신뢰할 수 있다.
⑤ 대부분의 사람들을 신뢰할 수 있다.

2. 당신 혹은 당신의 선조는 어떻게 말레이시아에 오게 되었습니까(이주경로)?

① 가족이나 친척을 따라
② 친구나 동료의 권유
③ 알선 및 중개업체
④ 개인의지
⑤ 기타 (                )

3. 당신 혹은 당신의 선조가 말레이시아로 이주한 동기(이주원인)는 무엇입니까?

① 단순기능 노동이주
② 숙련노동 전문직 이주
③ 국제결혼
④ 가족과 함께 이민
⑤ 사업
⑥ 유학
⑦ 난민 혹은 피난 이주
⑧ 여행 이후 이주 결정
⑨ 기타 (                )

4. 당신은 어느 정도로 해외를 방문하십니까?

① 해외에 나간 적이 없다.
② 5년에 1~2번
③ 1년에 1~2번

④ 6개월에 1~2번

⑤ 1개월에 1~2번

⑥ 1주일에 1~2번

⑦ 기타 (　　)

5. 당신의 가족이나 친인척 중에 해외로 이민한 사람이 있습니까?

① 없다　　② 있다

6. 가족이나 친인척이 해외로 이주한 원인은 무엇입니까?

① 해외에서 더 좋은 삶을 살기 위해　　② 해외에서 사업하기 위해

③ 해외에서 취업　　④ 현지적응이 어려워서

⑤ 정부 정책에 대한 불만　　⑥ 기타 (　　)

7. 당신은 현재 말레이시아에서 화인들과 어느 정도로 자주 만나고 있습니까? (해당번호에 ✓표시)

| 질문항목 | 일주일에 2-3회 이상 | 월 2-3회 | 년 2-3회 | 몇 년 1회 | 친척/지인 없음 |
|---|---|---|---|---|---|
| 가족이나 친척 | | | | | |
| 친구나 동료 | | | | | |

8. 당신은 현재 말레이시아에서 화인들과 어느 정도로 교류하고 계십니까? (해당번호에 직접 ✓표시)

| | | |
|---|---|---|
| 교류 정도 | 1. 전혀 교류를 하고 있지 않다. | |
| | 2. 최소한 인사정도의 교류를 하고 있다. | |
| | 3. 일상적으로 길거리에서 이야기할 정도이다. | |
| | 4. 상담이나 일상용품을 빌릴 정도이다. | |
| | 5. 가족과 똑같이 교류 하고 있는 사람들이 많다. | |

| | | |
|---|---|---|
| 교류 비율 | 1. 이웃사람의 이름을 모른다. | |
| | 2. 일부 사람들과 교류가 있다 | |
| | 3. 아는 사람과 모르는 사람이 절반이다. | |
| | 4. 많은 사람들과 교류하고 있다. | |
| | 5. 거의 대부분 알고 지낸다. | |

9. 당신은 현재 말레이시아에서 일상생활에 필요한 생활정보는 각각 다음 중 어디에서 입수하고 있습니까?

| 질문항목 | 1. 직업 및 아르바이트 | 2. 연수 및 학습기회 | 3. 공공서비스 정보 | 4. 기술지도(제조, 서비스 등) | 5. 건강 및 보건지도 |
|---|---|---|---|---|---|
| 1. 시청 혹은 구청 | | | | | |
| 2. 주변 단체, 동족단체, NPO 등 | | | | | |
| 3. 교회나 절 등 종교단체 | | | | | |
| 4. 직장 사장님과 동료 | | | | | |
| 5. 가족, 친척 | | | | | |
| 6. 화인 친구, 지인 | | | | | |
| 7. 말레이인(인도인) 친구, 지인 | | | | | |
| 8. 기타( ) | | | | | |

Ⅲ. 다음은 화인과 말레이인(원주민)과의 관계에 대한 질문입니다. 해당되는 곳에 ✓ 표시 해주세요.

| 질문항목 | 1=전혀 그렇지 않다. 2=그렇지 않다. 3=보통이다. 4=그렇다. 5=매우 그렇다. | | | | |
|---|---|---|---|---|---|
| 1. 나는 말레이어를 구사할 수 있다. | 1 | 2 | 3 | 4 | 5 |
| 2. 나는 중국어와 말레이어 두 언어로 모두 농담을 한다. | 1 | 2 | 3 | 4 | 5 |
| 3. 나는 생각할 때 중국어뿐만 아니라 말레이어로도 한다. | 1 | 2 | 3 | 4 | 5 |
| 4. 나는 화인 친구들과 말레이 친구 모두와 친하다. | 1 | 2 | 3 | 4 | 5 |
| 5. 화인과 말레이인들은 모두 나를 가치 있게 생각한다. | 1 | 2 | 3 | 4 | 5 |
| 6. 나는 화인이든 말레이인이든 함께 있을 때 모두 편안하다. | 1 | 2 | 3 | 4 | 5 |
| 7. 나는 말레이인들과 오락, 취미생활, 쇼핑 등 여가 활동을 함께 한다. | 1 | 2 | 3 | 4 | 5 |
| 8. 나는 말레이인들과 필요할 때 서로 도움을 주고받는다. | 1 | 2 | 3 | 4 | 5 |
| 9. 나는 말레이인들과 경조사가 생기면 서로 축하나 위로해준다. | 1 | 2 | 3 | 4 | 5 |
| 10. 말레이인들은 나를 평등하게 대해 준다. | 1 | 2 | 3 | 4 | 5 |
| 11. 나는 말레이 문화(축제, 오락, 영화 등)에 관심이 많다. | 1 | 2 | 3 | 4 | 5 |
| 12. 나는 말레이 음식을 좋아한다. | 1 | 2 | 3 | 4 | 5 |
| 13. 나는 말레이 역사, 전통, 종교, 관습 등에 대해 알고 있다. | 1 | 2 | 3 | 4 | 5 |
| 14. 나는 화인과 말레이 문화를 동시에 가지고 있다. | 1 | 2 | 3 | 4 | 5 |
| 15. 화인은 말레이인과 통혼해야 한다. | 1 | 2 | 3 | 4 | 5 |
| 16. 화인과 말레이인과 정치적으로 상호 협력해야 한다. | 1 | 2 | 3 | 4 | 5 |

| | | | | | |
|---|---|---|---|---|---|
| 17. 나는 말레이인과 함께 경제활동(경제협력)을 한다. | 1 | 2 | 3 | 4 | 5 |
| 18. 화인과 말레이인의 민족관계는 좋다 | 1 | 2 | 3 | 4 | 5 |
| 19. 나는 말레이어를 구사할 수 없다. | 1 | 2 | 3 | 4 | 5 |
| 20. 나는 일상생활에서 주로 중국어를 사용한다. | 1 | 2 | 3 | 4 | 5 |
| 21. 나의 가장 친한 친구들은 화인이다. | 1 | 2 | 3 | 4 | 5 |
| 22. 나는 회원 대부분이 화인인 모임을 선호한다. | 1 | 2 | 3 | 4 | 5 |
| 23. 나는 말레이인 친구와 사귀거나 친해지기가 어렵다. | 1 | 2 | 3 | 4 | 5 |
| 24. 화인은 말레이인과 사귀거나 친해져서는 안 된다. | 1 | 2 | 3 | 4 | 5 |
| 25. 말레이인보다 화인이 나를 더 동등하게 대해준다. | 1 | 2 | 3 | 4 | 5 |
| 26. 나는 말레이인으로부터 차별받은 적이 있다. | 1 | 2 | 3 | 4 | 5 |
| 27. 나는 말레이인으로부터 화인을 비하하는 말을 들은 적 있다. | 1 | 2 | 3 | 4 | 5 |
| 28. 나는 말레이인과 충돌한 적이 있다. | 1 | 2 | 3 | 4 | 5 |
| 29. 화인과 말레이인은 갈등이 심각하다. | 1 | 2 | 3 | 4 | 5 |
| 30. 나는 말레이 문화보다 화인문화를 더 선호한다. | 1 | 2 | 3 | 4 | 5 |
| 31. 나는 말레이 역사, 전통, 종교, 문화에 관심이 없다. | 1 | 2 | 3 | 4 | 5 |
| 32. 나는 화인들이 화문학교(华文学校)를 다녀야 한다고 생각한다. | 1 | 2 | 3 | 4 | 5 |
| 33. 나는 화인과의 결혼을 선호한다. | 1 | 2 | 3 | 4 | 5 |
| 34. 나는 말레이시아정부의 화인정책에 찬성한다. | 1 | 2 | 3 | 4 | 5 |
| 35. 말레이시아정부의 이주민 정책은 화인과 말레이인의 갈등을 심화시킨다. | 1 | 2 | 3 | 4 | 5 |

IV. 다음은 응답자의 초국적 네트워크에 관한 질문입니다. 해당되는 곳에 ✓ 표시 해주세요.

| 질문 항목 | | 1=전혀 그렇지 않다. 2=그렇지 않다. 3=보통이다. 4=그렇다. 5=매우 그렇다. | | | | |
|---|---|---|---|---|---|---|
| 중국(대만)과의 관계 | 1. 중국(대만)에 있는 가족 및 친척들과 연락한다. | 1 | 2 | 3 | 4 | 5 |
| | 2. 중국(대만)에 있는 친구 및 동료들과 연락한다. | 1 | 2 | 3 | 4 | 5 |
| | 3. 중국(대만)에 있는 가족 및 친척들로부터 도움을 받는다. | 1 | 2 | 3 | 4 | 5 |
| | 4. 중국(대만)에 있는 친구 및 동료들로부터 도움을 받는다. | 1 | 2 | 3 | 4 | 5 |
| | 5. 중국(대만)에 있는 가족 및 친척들과 모임한다. | 1 | 2 | 3 | 4 | 5 |
| | 6. 중국(대만)에 있는 친구 및 동료들과 모임한다. | 1 | 2 | 3 | 4 | 5 |
| | 7. 중국(대만)에 있는 가족 및 친척들은 생활하는데 도움을 준다. | 1 | 2 | 3 | 4 | 5 |
| | 8. 중국(대만)에 있는 친구 및 동료들은 생활하는데 도움을 준다. | 1 | 2 | 3 | 4 | 5 |
| | 9. 중국인 단체의 모임에서 활동한다. | 1 | 2 | 3 | 4 | 5 |
| | 10. 중국인 단체의 모임을 통해 생활정보를 얻는다. | 1 | 2 | 3 | 4 | 5 |
| | 11. 중국인 단체의 모임을 통해 스트레스를 해소한다. | 1 | 2 | 3 | 4 | 5 |
| | 12. 중국인 단체는 화인의 발전을 위해 노력한다. | 1 | 2 | 3 | 4 | 5 |
| | 13. 중국 인터넷 사이트를 이용한다. | 1 | 2 | 3 | 4 | 5 |
| | 14. 중국 인터넷 사이트를 통해 생활정보를 얻는다. | 1 | 2 | 3 | 4 | 5 |
| | 15. 중국 인터넷 사이트를 통해 스트레스를 해소한다. | 1 | 2 | 3 | 4 | 5 |
| 말레이시아 화인과의 관계 | 16. 화인 가족 및 친척들과 연락한다. | 1 | 2 | 3 | 4 | 5 |
| | 17. 화인 친구 및 동료들과 연락한다. | 1 | 2 | 3 | 4 | 5 |

| | | | | | | |
|---|---|---|---|---|---|---|
| 말레이시아 화인과의 관계 | 18. 화인 가족 및 친척들로부터 도움을 받는다. | 1 | 2 | 3 | 4 | 5 |
| | 19. 화인 친구 및 동료들과 도움을 받는다. | 1 | 2 | 3 | 4 | 5 |
| | 20. 화인 가족 및 친척들과 모임한다. | 1 | 2 | 3 | 4 | 5 |
| | 21. 화인 친구 및 동료들과 모임한다. | 1 | 2 | 3 | 4 | 5 |
| | 22. 화인 단체의 모임에서 활동한다. | 1 | 2 | 3 | 4 | 5 |
| | 23. 화인 단체의 모임을 통해 생활정보를 얻는다. | 1 | 2 | 3 | 4 | 5 |
| | 24. 화인 단체의 모임을 통해 스트레스를 해소한다. | 1 | 2 | 3 | 4 | 5 |
| | 25. 화인 단체는 화인의 발전을 위해 노력한다. | 1 | 2 | 3 | 4 | 5 |
| | 26. 화인의 인터넷 사이트를 이용한다. | 1 | 2 | 3 | 4 | 5 |
| | 27. 화인의 인터넷 사이트를 통해 생활정보를 얻는다. | 1 | 2 | 3 | 4 | 5 |
| | 28. 화인의 인터넷 사이트를 통해 스트레스를 해소한다. | 1 | 2 | 3 | 4 | 5 |
| 말레이시아 기타 외국인과의 관계 | 29. 다른 국가(중국인, 중국인, 한국인) 이주민과 연락한다. | 1 | 2 | 3 | 4 | 5 |
| | 30. 다른 국가 이주민으로부터 도움을 받는다. | 1 | 2 | 3 | 4 | 5 |
| | 31. 다른 국가 이주민과 모임한다. | 1 | 2 | 3 | 4 | 5 |
| | 32. 다른 국가 이주민들이 생활하는데 도움을 준다. | 1 | 2 | 3 | 4 | 5 |
| | 33. 다른 국가 이주민 단체의 모임에서 활동한다. | 1 | 2 | 3 | 4 | 5 |
| | 34. 다른 국가 이주민 단체의 모임을 통해 생활정보를 얻는다. | 1 | 2 | 3 | 4 | 5 |
| | 35. 다른 국가 이주민 단체의 모임을 통해 스트레스를 해소한다. | 1 | 2 | 3 | 4 | 5 |
| | 36. 다른 국가 이주민의 인터넷 사이트를 이용한다. | 1 | 2 | 3 | 4 | 5 |
| | 37. 다른 국가 이주민의 인터넷 사이트를 통해 생활정보를 얻는다. | 1 | 2 | 3 | 4 | 5 |
| | 38. 다른 국가 이주민의 인터넷 사이트를 통해 스트레스를 해소한다. | 1 | 2 | 3 | 4 | 5 |

# 关于马来西亚华人跨国网络的问卷

| 编号 | | | |
|---|---|---|---|

您好！

韩国全南大学世界韩商文化研究团是研究世界各地华侨华人移民,定居,本土化等问题的研究机构.

此问卷是調查马来西亚华人的跨国活动,与马来人的社会关系,华人的跨国网络的问卷.根据统计法第33条规定我们一定会保障您的个人信息安全, 不会洩漏您的姓名,身份等.

本问卷答案无正误之分, 但若其中一项无应答该问卷將失去其研究价值, 所以希望您能如实並完整答题, 在此感谢您的参与和对我们科研的支持!

## Ⅰ. 下列是与您的個人情况有关的问题, 请在相应栏内打"✓".

| | |
|---|---|
| 1. 性别 | ① 男 ② 女 |
| 2. 年龄 | (满 岁) |
| 3. 学历 | ① 小学 ② 初中 ③ 高中 ④ 专科 ⑤ 本科 ⑥ 研/博士 ⑦ 无学历<br>⑧ 其他 ( ) |
| 4. 职业 | ① 专业人士(教授, 医生, 律师等) ②专职人员(技术员, 教师, 艺术家等)<br>③ 公务员 ④ 行政人员(公司职员等) ⑤ 销售(批发零售等) ⑥ 个体户<br>⑦ 服务业(洗衣店,理发店,美容店,饭店,酒店,旅馆等)<br>⑧ 生产业(制造业,运输,印刷等) ⑨ 农业,林业,水产,畜牧业等<br>⑩ 家庭主妇 ⑪ 学生 ⑫ 企業CEO ⑬ 其他 ( ) |
| 5. 宗教 | ① 伊斯兰教 ② 佛教 ③ 基督教 ④ 天主教 ⑤ 其他 ( ) |
| 6. 国籍 | ① 马來西亞 ② 中国 ③ 台湾 ④ 其他 ( ) |
| 7.滞留资格 | ① 取得国籍 ② 获得永驻权 ③ 定居 ④ 短期滞留 ⑤ 其他 ( ) |
| 8.第几代移民 | ① 第1代(在中国/台湾出生) ② 1.5代(随父母移民)<br>③ 2代(父母在马来西亚出生) ④ 3代(祖父母在马来西亚出生)<br>⑤ 4代(曾祖父母在马来西亚出生) ⑥ 其他 ( ) |
| 9. 现居住地 | ( ) |
| 10.在马来西亚定居时间 | ( )年 |
| 11.婚姻狀况 | ① 已婚 ② 未婚 ③ 离异 ④ 其他 ( ) |
| 12.配偶的民族 | ① 华人 ② 马来人 ③ 印度人 ④ 其他 ( ) |
| 13.毕业院校 | ① 国民中学 ② 国民型中学 ③ 独立中学 ④ 国际学校<br>⑤其他 ( ) |
| 14.个人的年收入 | ( ) |
| 15. 是否去过中国(台湾) | ① 有 ② 没有 |
| 16.是否有家人或者亲戚在中国 | ① 有 ② 没有 |
| 17. 华文水平 | ① 非常不好 ② 较差 ③ 普通 ④ 较好 ⑤ 很好 |
| 18. 马来语水平 | ① 非常不好 ② 较差 ③ 普通 ④ 较好 ⑤ 很好 |

Ⅱ.以下是关于个人社会关系的问题，请在相应栏内打“✓”.

1. 在马来西亚，您对周围人的的信任度是多少?

① 大多数人不能信任.

② 可以信赖的人少.

③ 有几名值得信任.

④ 可以信赖的人多.

⑤ 大部分人可以信赖.

2. 您或您的祖辈是如何來到马来西亚的(移民方式)?

① 跟随家人来到马来西亚

② 通过亲戚介绍

③ 朋友/同事的建议

④ 中介

⑤ 个人意愿

⑥ 其他(　　　)

3. 您或您的祖辈移民到马来西亚的原因(移民原因)?

① 劳务移民(从事体力劳动)　② 技术移民(从事专业行业)

③ 投资移民　④ 国际婚姻

⑤ 跟随家人一起移民　⑥ 做生意

⑦ 留学　⑧ 难民

⑨ 旅行后决定移民　⑩ 其他(　　　)

4. 您平时出国的频率?

① 没去过国外　② 五年1~2次　③ 1年1~2次

④ 6个月2~3次　⑤ 一个月1~2次　⑥ 一周1~2次

⑦ 其他(　　　)

5. 您或您的家人当中有移民到国外的人吗?

①有　　②没有

6. 您的家人或者亲戚移民到其他国家的原因?

①国外的生活环境好　　②在国外做生意

③在国外就业　　④ 不适应马来西亚的生活

⑤对政府不满　　⑥其他（　　）

7. 您与现居马来西亚华人的见面频率?

| 问题 | ① 每周2-3次以上 | ② 每月2-3次 | ③ 每年2-3次 | ④几年1次 | ⑤ 没有亲戚或华人朋友 |
|---|---|---|---|---|---|
| 家人/亲戚 | | | | | |
| 朋友/同事 | | | | | |

8. 您与邻居有哪种程度上的交往?(请在相应栏内打“✓”.)

| 交流程度 | ① 完全无交流 | ② 见面点头之交 | ③ 日常交谈 | ④ 深入交谈, 互相借日常用品 | ⑤ 情同家人的人很多 |
|---|---|---|---|---|---|
| | | | | | |
| 交流频率 | ① 不知道邻居的姓名 | ② 和一部分人有交流 | ③ 一半认识, 一半不认识 | ④ 和很多邻居交流 | ⑤ 几乎都认识 |
| | | | | | |

9. 您在马来西亚的日常生活中是从哪里获得所需生活信息的?(請在相應欄内打“✓”)

| 问题 | ① 工作或零工 | ② 研修, 学习机会 | ③ 公共服务信息 | ④ 技术指导(制造, 服务等) | ⑤ 健康及保健 |
|---|---|---|---|---|---|
| 1.市政府或区政府 | | | | | |
| 2.华社,会馆,宗祠等 | | | | | |
| 3.教会,寺庙等宗教组织 | | | | | |

| | | | | | |
|---|---|---|---|---|---|
| 4.海外机构 | | | | | |
| 5.家人,亲戚 | | | | | |
| 6.华人朋友,熟人 | | | | | |
| 7.马来人(印裔)朋友,熟人 | | | | | |
| 8.其他 (          ) | | | | | |

## III. 以下是关于华人与马来人民族关系的问题, 请在相应栏内打"✓".

| 问题 | 完全不是=1, 不是=2, 一般=3, 是=4, 肯定是=5 | | | | |
|---|---|---|---|---|---|
| 1. 我会说马来语. | 1 | 2 | 3 | 4 | 5 |
| 2. 我会用华文和马来语两种语言开玩笑. | 1 | 2 | 3 | 4 | 5 |
| 3. 我思考时, 用华文或马来语两种语言思考. | 1 | 2 | 3 | 4 | 5 |
| 4. 我和华人及马来人朋友都很亲近. | 1 | 2 | 3 | 4 | 5 |
| 5. 华人和马来人都认可我. | 1 | 2 | 3 | 4 | 5 |
| 6. 无论是华人还是马来人, 我跟他们相处时都很放松. | 1 | 2 | 3 | 4 | 5 |
| 7. 我和马来人一起参加娱乐, 趣味生活, 购物等活动. | 1 | 2 | 3 | 4 | 5 |
| 8. 我和马来人在需要帮助的时候互相帮忙. | 1 | 2 | 3 | 4 | 5 |
| 9. 有红白事时, 我和马来人互相庆祝或者慰问. | 1 | 2 | 3 | 4 | 5 |
| 10. 马来人对我平等相待. | 1 | 2 | 3 | 4 | 5 |
| 11. 我对马来文化(节庆活动, 娱乐, 电影等)很感兴趣. | 1 | 2 | 3 | 4 | 5 |
| 12. 我喜欢马来人的饮食. | 1 | 2 | 3 | 4 | 5 |
| 13. 我了解马来人的历史,传统,宗教,風俗等. | 1 | 2 | 3 | 4 | 5 |
| 14. 我同时拥有马来文化和华人文化. | 1 | 2 | 3 | 4 | 5 |
| 15. 华人应该和马来人通婚. | 1 | 2 | 3 | 4 | 5 |
| 16. 华人与马来人在政治上应该互相合作. | 1 | 2 | 3 | 4 | 5 |
| 17. 我和马来人有经济上的合作(一起做生意). | 1 | 2 | 3 | 4 | 5 |
| 18. 华人和马来人的民族关系很好. | 1 | 2 | 3 | 4 | 5 |

| | | | | | |
|---|---|---|---|---|---|
| 19. 我不会说马来语. | 1 | 2 | 3 | 4 | 5 |
| 20. 我在日常生活中主要使用华文. | 1 | 2 | 3 | 4 | 5 |
| 21. 我最好的朋友都是华人. | 1 | 2 | 3 | 4 | 5 |
| 22. 我更喜欢参加大部分人是华人的聚会. | 1 | 2 | 3 | 4 | 5 |
| 23. 我与马来人交朋友很困难. | 1 | 2 | 3 | 4 | 5 |
| 24. 华人不能和马来人交往或亲近. | 1 | 2 | 3 | 4 | 5 |
| 25. 比起马来人, 华人对我的态度更平等. | 1 | 2 | 3 | 4 | 5 |
| 26. 我曾被马来人歧视. | 1 | 2 | 3 | 4 | 5 |
| 27. 我听过马来人贬低,歧视华人的言论. | 1 | 2 | 3 | 4 | 5 |
| 28. 我和马来人有过冲突. | 1 | 2 | 3 | 4 | 5 |
| 29. 华人和马来人之间有深刻的矛盾. | 1 | 2 | 3 | 4 | 5 |
| 30. 比起马来文化, 我更喜欢华人文化. | 1 | 2 | 3 | 4 | 5 |
| 31. 我对马来人的历史, 传统, 宗教, 文化等不感兴趣. | 1 | 2 | 3 | 4 | 5 |
| 32. 我觉得华人应该上华校. | 1 | 2 | 3 | 4 | 5 |
| 33. 我更希望和华人结婚. | 1 | 2 | 3 | 4 | 5 |
| 34. 我赞成马来西亚政府的华人政策. | 1 | 2 | 3 | 4 | 5 |
| 35. 马来西亚政府的民族政策激化了华人与马来人的矛盾. | 1 | 2 | 3 | 4 | 5 |

## IV. 以下是关于跨国网络的问题, 请在相应栏内打"✓".

| 问题 | | 完全不是=1, 不是=2, 一般=3, 是=4, 肯定是=5 | | | | |
|---|---|---|---|---|---|---|
| 与中国(台湾)的联系 | 1. 我与在中国(台湾)的家人或亲戚联系. | 1 | 2 | 3 | 4 | 5 |
| | 2. 我与在中国(台湾)的朋友或同事联系. | 1 | 2 | 3 | 4 | 5 |
| | 3. 我接受在中國(台湾)的家人或亲戚的帮助. | 1 | 2 | 3 | 4 | 5 |
| | 4. 我接受在中國(台湾)的朋友或同事的帮助 . | 1 | 2 | 3 | 4 | 5 |
| | 5. 我与在中国(台湾)的家人或亲戚聚会. | 1 | 2 | 3 | 4 | 5 |
| | 6. 我与在中国(台湾)的朋友或同事聚会 . | 1 | 2 | 3 | 4 | 5 |

| | | | | | | |
|---|---|---|---|---|---|---|
| 与中国(台湾)的联系 | 7.我给予在中国(台湾)的家人或亲戚生活方面的帮助. | 1 | 2 | 3 | 4 | 5 |
| | 8.我给予在中国(台湾)的朋友或同事生活方面的帮助. | 1 | 2 | 3 | 4 | 5 |
| | 9.我参加由中国人组织的活动. | 1 | 2 | 3 | 4 | 5 |
| | 10.我通过参加中国人团体的聚會获得信息, 情报. | 1 | 2 | 3 | 4 | 5 |
| | 11.我通过参加中国人团体的聚会缓解压力. | 1 | 2 | 3 | 4 | 5 |
| | 12.中国人团体为华人的发展而努力. | 1 | 2 | 3 | 4 | 5 |
| | 13.我访问并使用中国网站. | 1 | 2 | 3 | 4 | 5 |
| | 14.我在中国网站上获得信息. | 1 | 2 | 3 | 4 | 5 |
| | 15.我通过浏览中国网站缓解压力. | 1 | 2 | 3 | 4 | 5 |
| 与马来西亚华人的关系 | 16.我与华人家人和亲戚经常联系. | 1 | 2 | 3 | 4 | 5 |
| | 17.我与华人朋友及同事保持联系. | 1 | 2 | 3 | 4 | 5 |
| | 18.家人,亲戚在生活上帮助我. | 1 | 2 | 3 | 4 | 5 |
| | 19.华人朋友或者同事在生活上帮助我. | 1 | 2 | 3 | 4 | 5 |
| | 20.我参加家人及亲戚聚会. | 1 | 2 | 3 | 4 | 5 |
| | 21.我与华人朋友及同事聚会. | 1 | 2 | 3 | 4 | 5 |
| | 22.我参加华人社团. | 1 | 2 | 3 | 4 | 5 |
| | 23.我在华人社团获得生活信息. | 1 | 2 | 3 | 4 | 5 |
| | 24.我通过参加华人社团缓解压力. | 1 | 2 | 3 | 4 | 5 |
| | 25.华人社团为华人的发展而努力. | 1 | 2 | 3 | 4 | 5 |
| | 26.我使用华人网站. | 1 | 2 | 3 | 4 | 5 |
| | 27.我通過华人网站获得信息. | 1 | 2 | 3 | 4 | 5 |
| | 28.我通过浏览华人网站缓解压力. | 1 | 2 | 3 | 4 | 5 |
| 与马来西亚其他外国人的关系 | 29.我与其他外国人(韩国人, 日本人等)交流. | 1 | 2 | 3 | 4 | 5 |
| | 30.我得到过其他国家移民的帮助. | 1 | 2 | 3 | 4 | 5 |
| | 31.我与其他国家的移民聚会. | 1 | 2 | 3 | 4 | 5 |
| | 32.我给予其他国家移民生活方面的帮助. | 1 | 2 | 3 | 4 | 5 |
| | 33.我参加过其他国家移民社团的聚会. | 1 | 2 | 3 | 4 | 5 |
| | 34.我通过参加其他国家移民团体的聚会获得生活信息. | 1 | 2 | 3 | 4 | 5 |
| | 35.我通过参加其他国家移民团体的聚会减压. | 1 | 2 | 3 | 4 | 5 |
| | 36.我使用并浏览其他国家移民的网站. | 1 | 2 | 3 | 4 | 5 |

| | | | | | | |
|---|---|---|---|---|---|---|
| | 37.我通过其他国家移民的网站获得信息. | 1 | 2 | 3 | 4 | 5 |
| | 38.我通过浏览其他国家移民的网站减压. | 1 | 2 | 3 | 4 | 5 |

## 참고문헌

권상철(1998), “미국 대도시지역 동양계 동족경제의 특성에 관한 연구: 뉴욕과 로스엔젤레스의 비교”, 『한국지리환경교육학회지』 제6권 1호.

김경근 · 고형일 · 황기우(2004), “재외한인 민족교육에 대한 평가”, 『한국교육학연구』 제10권 2호.

김종업 · 최종석(2011), “말레이시아 종족 간의 갈등 원인과 현황 연구: 신경제정책와의 연관성을 중심으로”, 『社會科學論叢』 제42집 1호.

김해영 · 김유리 · 양진건(2010), “연변 조선족 자치주 민족문화 교육의 활성화를 위한 디지털 스토리텔링 적용”, 『디지털스토리텔링연구』 제5호.

김혜련(2014), “인도네시아와 말레이시아 화인 디아스포라의 현지사회 정착과 화인정책 비교”, 『평화학연구』 제15권 5호.

김혜련(2015), “말레이시아 화인 디아스포라의 모국관계 연구”, 『민족연구』 제61호.

______(2016), “일본 요코하마 차이나타운의 모국상징기제 연구”, 『동북아문화연구』 46집.

______(2017), “말레이시아 화인과 말레이인의 종족관계 조사 연구”, 『중국학』 제58집.

______(2017), “말레이시아 화인 디아스포라의 민족교육 실태 연구”, 『인문사회21』 8권 3호.

리단 · 김혜련(2012), “중화경제권의 부상과 의미”, 『디아스포라연구』 제6권 제2호.

박세훈 · 이영아 · 김은란 · 정소양(2009), 『다문화사회에 대응하는 도시정책 연구(1) : 외국인 밀집지역의 현황과 정책과제』, 서울: 국토연구원.

선봉규(2017), “한국에서 외국인 집거지의 형성과 공간적 특성에 관한 연구: 광주광역시 고려인마을을 중심으로”, 『한국동북아논총』 제22권 2호.

신재혁(2015), “다종족 국가의 갈등요인과 통합정책: 빈곤과 정치적 배제가 종족갈등에 미치는 영향”, 『국제정치논총』 55권 1호.

안승국(2013), “인도네시아 있어서 정부정책과 종족갈등관리”, 『비교민주주의연구』 제9집 제2호.

왕경우 저 · 윤필준 역(2003), 『중국 밖의 또 다른 중국인 화교』, 다락원.

이소영 · 누르보스(2014), "한국 이슬람권 이주민의 갈등 분석: 중앙아시아 및 남아시아 무슬림을 중심으로", 『인문과학연구논총』 37호.
임은진(2016), "국제적 인구 이동에 따른 말레이시아의 다문화사회 형성과 지역성", 『한국도시지리학회지』 제19권 2호.
임채완(1999), "중앙아시아 고려인의 언어적 정체성과 민족의식", 『국제정치론집』 제39집 2호.
_____(2008), "지구화시대 디아스포라의 초국가적 활동과 모국: 동남아 화인과 중국조선족에 대한 비교연구", 『국제정치논총』 제48권 1호.
임채완 · 전형권(2006), 『재외한인과 글로벌 네트워크』, 서울: 한울아카데미.
임채완 · 김혜련 · 리단 · 최승현(2019), 『화인 디아스포라의 다중정체성과 모국관계』, 북코리아.
전형권(2005), "초국가주의 관점에서 본 화교 디아스포라와 네트워크", 『대한정치학회보』 13집 2호.
정영훈(2010), "민족정체성, 그리고 한민족의 민족정체성", 『민족학연구』 제9권 제1호.
정주진(2010), 『갈등해결과 한국사회: 대화와 협력, 통합을 통한 갈등해결은 가능한가?』, 서울: 아르케.
조원일(2015), "19세기 말레이시아 지역의 화교조직 연구", 『인문학연구』 제101집.
황기우(2004), "중국 조선족의 민족교육 실태 분석", 『교육문제연구』 제24호.
홍석준(2006), "다문화사회로서의 항구도시: 말레이시아 멀라까에서의 외래문화의 수용", 『국제지역연구』 제10권 제2호.
홍재현(2008a), "말레이시아 화교의 특성", 『중국인문과학』 제38집.
_____(2008b), "말레이시아 종족폭동과 화교와의 관계에 대한 고찰", 『중국인문과학』 제40집.
Gabriel Sheffer 저. 장원석 역(2008), 『디아스포라의 정치학』, 제주: 온누리.
P.Stalker. The No-Nonsense Guide to International Migration. 김보영 옮김. 2004. 『국제이주』. 서울: 이소출판사.
Stephen Castles · Mark J.miller(2013), 한국이민학회 옮김, 『이주의 시대』, 일조각.
William Safran, Diaspora in modern societies: Myths of homeland and return. Diaspora1(1), 1991.

陈俊林(2012), "马来西亚华文媒体对中华文化传承的贡献", 『东南亚纵横』 2012年第5期.
方颖(2008), "马来西亚华文独立中学的三语教学初探", 『暨南大学华文学院学报』 2008年第4期.
耿宏伟(2007),“马来西亚华文教育史简论”,『船山学刊』第64期.
何西湖(2004),“马来西亚华人政策的演变和发展”,『广西民族学院学报(哲学社会科学版)』2004年12月.
李开慧(2005),“简论马来西亚华文教育的发展”,『西南民族大学学报』第26期.
李一平(2003),“试论马来西亚华人与马来人的民族关系”,『世界历史』2003年第5期.
刘世勇・武彦斌(2012),“马来西亚华文教育现状与发展策略”,『东南亚纵横』2012年第9期.
骆莉(2002),“马来西亚多元文化社会中的华人文化”,『东南亚纵横』2002年第7期.
廖小建(2008),“马来西亚华人经济的发展与影响”,『亚太经济』2008年第3期.
王焕芝・洪明(2011),“马来西亚华文教育政策的演变及未来发展”,『附件师范大学学报』2011年第4期.
王焕芝(2012),“从法令与政策角度看马来西亚的华文教育及未来发展”,『东南亚南亚研究』2012年4期.
石沧金(2006),“试析马来西亚华人社会与祖籍国关系的演变: 以马来西亚华人社团为例”,『华侨华人历史研究』2006年第2期.
卫挺生(1953),“徐福与日本建国考”,『徐福与日本』.
许梅(2004),“独立后马来西亚华人的政治选择与政治参与”,『东南亚研究』2004年第1期.
俞云平・陈衍德(2008),「从隔阂对抗走向共存共荣」,『厦门大学学报』187期.
郑达(2009),“改革开放以来马来西亚华商对华直接投资”,『当代中国史研究』第16期.
郑一省・叶英(2011),“马来西亚华人与马来人共生态势初探”,『东南亚南亚研究』2 011年第2期.
朱爱琴・强海燕(2013),“马来西亚华文教育现状及其新政策研究”,『现代教育论丛』第193期.
周聿峨, 胡春艳(2010),“浅析20世纪80年代以来‘成就困境’中的马来西亚华文教育”,『南洋问题研究』142期.
曾少聪(2002),”东南亚华人与土著民族的族群关系研究”,『世界民族』2002年第2期.

槟州华人大会堂: https://www.pcth.org.my/index.php/about/introduction(검색일: 2020.12.30.)
峇峇娘惹祖屋博物馆: babanyonyamuseum.com(검색일: 2020.10.17.)
韩江中学: http://www.hchs.edu.my/(검색일: 2017.05.16.)
韩江传媒大学学院: https://cn.hcu.edu.my/(검색일: 2020.12.20.)

加影育华国民型中学: http://yuhua.edu.my/v1/(검색일: 2017.05.15.)

新纪元大学学院: https://www.newera.edu.my/aboutUs_cn.php(검색일: 2020.12.21.)

尊孔独立中学: http://confucian.edu.my/(검색일: 2017.05.20.)

中华人民共和国国务院侨务办公室: http://qwgzyj.gqb.gov.cn/yjytt/155/1830.shtml(검색일: 2017.05.15.)

中国国务院侨务办公室: http://qwgzyj.gqb.gov.cn/yjytt/155/1830.shtml(검색일: 2016.12.02.)

中國僑網: http://www.chinaqw.com/(검색일: 2016.12.02.)

中國僑辦: http://qwgzyj.gqb.gov.cn/yjytt/155/1830.shtml (검색일: 2015.01.02.)

## | 찾아보기 |

## (ㅎ)



## (123)